Werden
Sie
wichtig!

Ein satirischer Ratgeber
illustriert von
Doris Bauer

„... Verlangen nach Bewunderung
und Beifall ist vielleicht
die allgemeinste Triebfeder
menschlicher Handlungen."

Lord Chesterfield

Luise Link

Werden Sie wichtig!

Ein satirischer Ratgeber
illustriert von
Doris Bauer

Bibliografische Information der Deutschen Nationalbibliothek:
Die Deutsche Nationalbibliothek verzeichnet diese Publikation in der Deutschen Nationalbibliografie; detaillierte bibliografische Daten sind im Internet über http://dnb.dnb.de abrufbar.

TWENTYSIX – Der Self-Publishing-Verlag
Eine Kooperation zwischen der Verlagsgruppe Random House und BoD – Books on Demand

© 2019 Luise Link

Herstellung und Verlag:
BoD – Books on Demand, Norderstedt

ISBN: 978-3-740-75405-1

Inhaltsverzeichnis

ERFOLG MUSS KEIN ZUFALL BLEIBEN....9

STANDORT BESTIMMEN 10

IMPRESSIONSPOTENTIALE 15

KONKURRENZ UND ADRESSATEN 17

HER MIT DEM MARKENBILD! 24

SICH UNTERSCHEIDEN 33

PROFIL GEWINNEN 35

IN FORM 47

BENIMM DICH? 49

WISSEN UND KÖNNEN 51

HAUS, AUTO, PFERD... 52

WAS TUN? 56

PARTNERWAHL..................................... 57

BERUFSWAHL WILL ÜBERLEGT SEIN .. 67

RICHTIG KONSUMIEREN!........................ 75

EFFEKTIV KOMMUNIZIEREN!.................. 81

SPRACHPOTENTIAL................................. 86

EINEN TITEL ERWERBEN......................... 89

EIN BUCH SCHREIBEN?........................... 91

KÜNSTLER WERDEN.............................. 101

CHARITY... 103

FANS, HEROLDE, VITAMIN B................ 104

SIMULIEREN SIE!................................... 107

KOMMUNIKATIONSPOLITIK.................. 111

PR-STORIES 114

HOMO GRANDIS 121

COOL UND TOUGH 122

ANSTRENGEND 123

GEHEIMNISVOLL 130

SCHÖN EXTREM 132

ACH JA, SABINE UND DIETER 135

AUS*WEG* 140

ZUM *D*ANACHLESEN 150

GLOSSAR 150

LITERATUR 157

DIE AUTORIN 158

DIE ILLUSTRATORIN 159

Erfolg muss kein Zufall bleiben

Sie würden gerne wichtig sein?

In Ihrem Verein, Dorf, Ihrer Stadt, im Land, für die Menschheit, generell?

Marschieren Sie einfach los! Am Anfang Ihrer Reise müssen Sie nur lernen, sich *wichtig zu fühlen*. Wenn Sie in der festen Überzeugung Ihrer Bedeutung auf andere Menschen zugehen, werden Sie bald zu den wertgeschätzten oder überbewerteten Persönlichkeiten gehören, die diesen Planeten bevölkern!

Wie man *das Gefühl eigener Bedeutung bei sich und anderen erzeugen kann* – davon handelt dieses Buch. Für unsere Erfolgsstrategie nutzen wir Erkenntnisse aus dem Marketing. Immerhin schaffen es die Marketing-Fuzzis, dass Konsumenten jeden Tag Sachen kaufen, die sie eigentlich nicht brauchen und niemals haben wollten. *Fallbeispiele, Regeln und Tricks* stellen sicher, dass man die notwendigen Techniken schnell erlernen und langfristig behalten kann.

Denn:

Angeben und Aufschneiden kann jeder – aber sich *richtig wichtig machen*, das will gelernt sein!

Standort bestimmen

„Ich wollte es Ihnen schon öfter einmal stecken", sagte dieser Tage Abteilungsleiter Müller zu seiner neuen Assistentin.

Frau Meier senkte den Blick. Wollte der Chef sie sexuell belästigen?

„Genau das meine ich."

Müller schüttelte den Kopf.

Sabine Meier errötete.

„Wenn Sie sich wie ein scheues Reh aufführen, man in Ihrem Gesicht wie in einem offenen Buch lesen kann, dann wird's nichts mit Ihnen. Schauen Sie mal auf mich! Ich habe Probleme mit der Rechtschreibung, kein Abitur, kein Studium, geschweige denn einen Doktor. Und – wer ist hier der Chef? Ich! Aus dieser unbestrittenen Tatsache können Sie etwas lernen. Sie müssen sich besser verkaufen, Kindchen!"

„Ich bin doch keine Ware, Herr Müller."

„Irrtum, Kleine. Meine Ex-Frau hat immer zu mir gesagt:

‚Dieter, du bist vielleicht ne Marke.'

Ich hab's ihr übel genommen, mich aber nach der Scheidung besonnen. Jeder Mensch ist nämlich genau das: eine *Marke.* Genauer gesagt, Fräulein Meier, eine *Ich-Marke.* Letztlich also *Ich-Marken-Ware,* nicht wahr? Und die hab' ich entwickelt. Das Ergebnis steht vor Ihnen."

Der Abteilungsleiter hat sich daraufhin verneigt, Sabine Meier hat den Blick erhoben und ihn angeschaut. Wie's dann weiter gegangen ist, kann man vermuten.

Was lehrt uns diese Szene?

Es kommt darauf an, dass wir anderen Menschen das Gefühl unserer eigenen Bedeutung vermitteln und dafür Strategien nutzen. Es reicht nämlich nicht, dass man ein toller Hecht ist – andere müssen das auch wissen. Sogar, wenn man eine total trübe Tasse ist, die anderen aber glauben, man ist ein toller Hecht, steht man auf der Gewinnerseite.

Für die Entwicklung der Ich-Marke gibt es unterschiedliche Phasen zu beachten.

Am Anfang steht die *Ermittlung der eigenen Potentiale, die Stärken-Schwächen-Analyse*.

Ist man zum Beispiel ein Knörzel, so wird man nicht das Ziel verfolgen können, der Bachelor oder Mister Universum zu werden. Das hätte etwas bemitleidenswert Vergebliches an sich. Und Mitleid ist so ziemlich das Allerletzte, was wir für unsere Zielvorstellung gebrauchen können.

Am Beginn unserer Aufgabe müssen wir also ehrlich, schonungslos ehrlich zu uns sein. Schonungslos am Anfang zu uns selbst, am Ende zu allen anderen – das ist die richtige Reihenfolge. Ehrliche Ansichten über uns selbst müssen wir allerdings durchaus nicht verbreiten, aus der Selbstbetrachtung soll auf keinen Fall eine Fremdbeurteilung werden.

Mehr oder weniger gleichzeitig muss man eine *Konkurrenzanalyse* durchführen.

Wie schön sind die anderen Damen meines Jahrganges, wie belesen sind die anderen Assistenten an meinem Lehrstuhl, wie schnell sind die anderen Marathonläufer in meinem Wettbewerb usw.? Ich analysiere also (meist) nicht die ganze

Welt, sondern die für mich bedeutsame Konkurrenzgruppe. Das vermeidet Frustrationen.

Frau Eglwetter zum Beispiel ist sehr faltig und übergewichtig. Sie schaut aber gerne ‚Germany's next Topmodel'. Wäre sie nun unvernünftig und würde, zeitgleich mit ihrem Fernsehkonsum, eine Konkurrenzanalyse anstellen, sich also mit den achtzehn- bis achtundzwanzigjährigen Models vergleichen, könnte sie sich gleich erschießen. Macht sie aber nicht. Sie schaut nur beim Damenkränzchen, da sind alle über achtzig. Und die sehen sämtlich ungefähr so aus wie sie.

Verbunden mit der Konkurrenzanalyse definiere ich meine *Zielgruppe*. Wer ist überhaupt wichtig für mich? Wen muss ich also beeindrucken? Und – was findet meine Zielgruppe toll?

So vorbereitet, geht's an die Entwicklung der *Strategien*. Erinnern wir uns: Am wichtigsten ist der Eindruck, den man macht, nicht, was man kann, wer man ist. Der *Kommunikationspolitik* kommt deshalb eine herausragende Bedeutung zu. Wie man diese im Dienste der Ich-Marke optimiert, dafür gibt es in diesem Buch zahlreiche Hinweise.

Alle Elemente einer Persönlichkeit sind geeignet, Bedeutung zu suggerieren, sie haben ein Beeindruckungs-, ein *Impressionspotential:* äußere Merkmale, Verhalten, Wissen und Kompetenzen, Besitz.

Impressions-Potentiale werden in *IP* gemessen, wobei ihr Grad auf einer Skala von 1 bis 6 rangiert. 1 ist wenig, 6 ist exzellent. Das Tröstlich-Faszinierende ist eine gewisse *Dialektik*, die man für seine Zielerreichung nutzen kann.

Der Hund

Man schaut ihn gerne an, er ist ein treuer Gefährte, die Welpen sind putzig und patschig. Und dann der Mops. Er ist überzüchtet, kann kaum atmen, sabbert ständig und ist nach hergebrachten Schönheitsvorstellungen gewöhnungsbedürftig. Erstaunlich aber: Es gibt immer mehr Mops-Fans in Deutschland. Und die halten ein Leben ohne Mops zwar für möglich, aber sinnlos.

Falten

Was bei Frauen als Zeichen des Alters und schwindender Schönheit empfunden wird, läuft beim Mann unter Erfahrung und Sex-Appeal.

Loft oder Hofreite

Staub und Spinnen für die einen, Kult und cool für die anderen.

Sich ins rechte Licht rücken, aus Schwächen Stärken machen, sich *richtig wichtigmachen* – das kann man lernen.

Impressionspotenziale

Können wir uns, beispielsweise bei unserem Aussehen, objektiv beurteilen? Sind wir ehrlich, was uns selbst betrifft?

Heidi hat ein Faible für kurze Röcke. Ihre Beine sind aber nicht lang, sondern krumm. Ihre Füße stecken sommers in Sandalen, die zahlreichen Hühneraugen wollen Luft schnappen. Etwas weiter oben, in der Körpermitte, drei Rettungsringe, das zwei Größen zu enge T-Shirt modelliert sie aufmerksamkeitsstark. Für Heidis Truthahnhals würde sich der Betrachter ein gnädiges Tuch wünschen, leider Fehlanzeige.

Jeden Tag sehen wir unzählige Leute, die sich geschmacklich so richtig vergaloppiert haben, sich ganz offensichtlich nicht richtig beurteilen können – so denken wir. Vielleicht gehören wir dazu?

Auf das Urteil anderer können wir uns nämlich nicht verlassen. Unsere Freunde, so wir denn welche haben, sagen uns nicht die Wahrheit, denn sie wollen ja unsere Freunde bleiben. Und unsere Feinde können wir auch nicht fragen, die würden uns nur hereinlegen, das Gute schlecht und das Schlechte gut reden, so dass wir in ihre Falle tapsen.

Was tun?

Fotos, Selfies, unbearbeitete Nahaufnahmen mit erstklassiger Kamera – die lügen nicht! Wenn Sie nach dem Shooting verzweifelt sind, denken Sie immer daran: Am Ende kommt es ja nicht darauf an, wie Sie aussehen – sondern wie andere Sie ansehen.

Nicht nur die äußere Erscheinung, auch unser Wissen, unsere Kompetenzen, unser Verhalten und unser Besitz sind dem immer gleichen Schema unterworfen:

Wichtiger
als das Sein
Ist
der Schein!

Konkurrenz und Adressaten

Die *Marke Ich* hatte sich noch vor wenigen Jahrzehnten in einem eher kleinen Bereich mit klar begrenzter Zielgruppe zu bewähren.

Als Oma Hannelore den schönen Hans haben wollte, musste sie beim Schützenfest nur Schmieds Lenchen und Böttchers Ida ausschalten. Das waren die einzigen noch unverheirateten Mädchen ihres Alters im Dorf. Wenig Konkurrenz, Oma Hannelore hat ihren Auserwählten bekommen und musste sich sehr bald mit seiner ungünstig mutierten Version zufriedengeben.

Die meisten Bereiche, in denen sich die Ich-Marke heute bewähren muss, dehnen sich aus. Wer sich in ein Dating-Portal begibt, hat sofort die ganze nationale Konkurrenz auf dem Hals. Arbeitgeber durchsuchen den nationalen und internationalen Arbeitsmarkt. Wer seine Dienste anbietet, sieht sich sofort mit anderen Anbietern in Netz-Portalen konfrontiert. Bei einer solchen, durch Globalisierung und Übersättigung gekennzeichneten Angebotssituation schreit der Markt geradezu nach einer Differenzierungs- und Profilierungsstrategie. Die Erschaffung der *Ich-Marke* ist nützlich für den Überlebenskampf und unabdingbar für Erfolg!

Veni, vidi, vici, ich kam, ich sah, ich siegte – so einfach ist es damit natürlich nicht. Die ganz großen und größten Ziele zu erreichen, wird Otto Normalverbraucher und Martina Mustermann eher selten gelingen. Oft ist der Ort, zu dem du hinwillst, bereits durch zahlreiche Prominente besetzt.

Das Promi-Unwesen in Deutschland floriert – der veränderten Medienlandschaft sei Dank. Ist einer durch die Decke, kann er es kaum vermeiden, jahrzehntelang auf seinem Posten zu sitzen, immer höhere Ämter, Chancen und Positionen zu erreichen. Der hochverehrte Spirituosenbilder-malende Sänger, die erfolgreiche Sachbuch-schreibende Fernsehulknudel, die bewunderte Schönheitstipps-gebende Moderatorin, der vielbeachtete Autobiografie-verfassende Jungpolitiker. Sie finden ohne Probleme Galerien und Ausstellungen, Verlage, Besucher, Käufer und Leser, weil tägliche Zeilen im Blätterwald, ununterbrochene Bilder in der Flimmerkiste, Facebook, Instagram und Twitter den Schneeball im Rollen und immer weiter anwachsen lassen. Derweil vergammeln zahllose Schauspiel-Koryphäen, Politik-Asse, Geigen-Virtuosen, Schreibtalente und Mal-Genies in der Provinz oder auf der Hinterbank. Schlimm, gell?

Übrigens, wie sieht es denn zwischen Sabine Meier und Dieter Müller aus?

Nun, Dieter hat sich ziemlich schnell nach dem von uns belauschten Gespräch in seine Assistentin verguckt. Ihre langen blonden Haare, ihre schlanke Figur, an der trotzdem alles dran ist und genau an der richtigen Stelle in der optimalen Größe sitzt, ihre wohlgeformten Beine, die kein Ende zu nehmen scheinen.

Am besten aber gefällt ihm ihr zurückhaltendes Wesen, das seiner Männlichkeit – stark beschädigt durch die täglichen Schmähungen seiner ersten Frau und die Trennung – gut tut.

Jaaaah!

Dass Sabine seine Assistentin ist, dass er zunächst eher ein berufliches Interesse an ihr und ihrer Entwicklung gehabt hat, das ist vergessen.

Dieter ist entschlossen, ihr innerhalb der nächsten Wochen einen Antrag zu machen. Er hat als gereifter Mann mit Position so einem kleinen Mäuschen erheblich was zu bieten. Den Brief an sie hat er schon geschrieben. Er trägt ihn immer in seiner Jackentasche bei sich und hofft auf die richtige Gelegenheit.

Lihbe Frau Meier,
lihbe Sabiene –
so darf ich sie, so darf ich Dich hofentlich balt nennen.

Wir kännen uns jetzt schon einige Wochen, und je lenger ich dich känne, umso stährker füle ich mich zu dier hingezohgen. Ich meine, an deinen Augen, an deinen Bliken, an deinem Lächeln zu erkännen, das es dier genauso get. Ich will nicht um den heisen Prei herumrehden: Willst du meine Vrau werden, Sabine?

Du würdest mich zum klücklichsten Man diser Erde machen.

Ich warte in Lihbe,
dein Dieter.

Was sagt man denn dazu?

Dieter Müller hat in seinem Berufsleben bis hierher so ziemlich alles richtig gemacht, sonst wäre er ja nicht bis an die Schallmauer seiner Fähigkeiten nach oben vorgestoßen[1]. Wenn auch, so viel sei hier schon einmal bemerkt, sein Allerweltsname der Gestaltung für seine Ich-Marke bedurft hätte. Sobald's menschelt, machen die meisten Leute – entgegen aller Logik, die sie sich mit Mühe eingebimst haben – vieles falsch. Die Ich-Marke muss aber durchgängig stimmig, authentisch, schlau sein. Professionell *und* privat!

Dieters Fehler sind zahlreich. Gleich im ersten etwas vertrauteren Gespräch hat er seiner Untergebenen zwei Achillesfersen bloßgelegt, seine Rechtschreibschwäche und die katastrophale Fremdbeurteilung durch seine eigene Frau. Und letztere wiegt umso schwerer, weil dieses Urteil auf jahrzehntelangem Studium beruht. Nicht ganz sicher kann man allerdings sein, ob Dieter die Doppeldeutigkeit der Aussage seiner Frau überhaupt bis in die Nuancen hinein verstanden hat oder ob die offenherzige Preisgabe dieser Beurteilung eher ein durch minderbemittelte Geistesgaben verursachter Kollateralschaden ist.

---

[1] Ein Beleg für das *Peter-Prinzip*, wonach jeder bis zur Grenze seiner absoluten Unfähigkeit befördert wird.

Die Potential-Analyse war lückenhaft. Dieter ist vierundfünfzig, hat eine Halbglatze und einen Schmerbauch, ist Brillen- und Doppelkinnträger. Was für ihn spricht, ist sein Besitz – ein kleines Häuschen am Stadtrand und sein drei Jahre alter Opel-Corsa. In seinem Brief hätte er allerdings auf diese Potentiale unbedingt verweisen müssen. Es nützt ja nichts, wenn es so ist, Sabine muss es für ihre Entscheidung auch wissen.

Ob er mit Sabine die richtige Zielgruppe anspricht? Wird der erhebliche Bildungs-, Alters- und Schönheitsunterschied durch die temporären Vorteile bei Vermögen und Einkommen aufgewogen? Wird das Übergewicht in diesem Bereich auch bei einer Zukunftsprognose Bestand haben? Spielt Sabine mittel- und langfristig nicht eher in einer anderen Liga? Ist die Vermischung von Beruf und Privatleben professionell?

Wir werden versuchen, den Gang der Dinge weiter offenäugig zu beobachten.

Her mit dem Markenbild!

Ein *Markenbild* für ein Produkt ist immer dann besonders wichtig, wenn es nichts Besonderes nützt oder ist. Normalerweise sinkt dann der Preis oder er bleibt so niedrig, wie er immer war. Will der Produzent sich aber nicht mit den paar Kröten zufrieden geben, muss er sich etwas einfallen lassen. Bei einer Jacke für dreißig Euro Einkaufspreis könnte er zum Beispiel vorne ein Krönchen draufsticken lassen und behaupten, dass Gräfinnen und Fürstinnen diese Jacke tragen. Wenn er dann eine verarmte Baronesse findet, die er zum *Werbeträger* und *Zeugen* für seine Aussage machen kann – dann kann er für die gleiche Jacke mal mindestens dreihundert Euro mehr verlangen.

Zum Krönchen-*Logo oder -Emblem* fehlt nur noch der *Werbeslogan*. Vielleicht …
„Dies Krönchen wird sich löhnchen."
„Edel. Adel. Gut."
„Die Jacke für die Königin."

Eigentlich ist die Preiserhöhung eine gute Tat. Dem Käufer der Jacke wird Gelegenheit zur Profilierung gegeben!

„Ich kann mir diese Jacke leisten."
„Ich weiß, was Qualität ist."
„Ich gehöre zur Elite."
All diese Attribute verleiht das Emblem.

Einfach gesagt: Der *Gebrauchsnutzen* der Jacke liegt bei circa dreißig Euro, der *Geltungsnutzen* bei dreihundert Euro – Endpreis dreihundertdreißig Euro.

Dass es für uns Menschen nötig ist, uns selbst als Marke zu verkaufen, liegt auf der Hand. Es gibt viel zu viele von uns, der Markt ist übersättigt. Darüber hinaus sind wir im Großen und Ganzen auswechselbar. Und das ist gut so, weil es ja weitergehen muss, wenn wir dereinst abtreten. Deshalb ist der Gebrauchsnutzen der einzelnen Individuen annähernd gleich.

Wie können wir es schaffen, dem Gebrauchsnutzen einen Geltungsnutzen hinzuzufügen, damit wir selbst uns als elitäres Markenprodukt, am besten als *Premium-* oder gar *Luxus-Ich-Marke*, wichtig fühlen können und alle, die in unsere Nähe kommen dürfen, auch?

Die erste Aufgabe ist es – dem vorstehend Gesagten entsprechend – ein Logo, ein spezifisches Erkennungszeichen für uns zu entwickeln.

Das könnte ein aufmerksamkeitsstarker Name sein. In früheren Jahrhunderten latinisierte oder französisierte man seinen deutschen Namen. Heute wäre Amerikanisierung angesagt. Sie heißen auch Müller? Sprechen Sie's doch als Maller aus; den Umlaut ü kennt man ja in Amerika nicht. So können Sie Ihre Herkunft verschleiern. Sie kommen nicht aus Hintertupfingshausen in Ostbayern oder Schnaddelbüll in Westfriesland. Nein, vielleicht aus New York oder wenigstens San Francisco?

Eine andere Möglichkeit ist die Verwendung eines Pseudonyms: Sie nennen sich einfach anders, suchen sich einen toll-klingenden Fantasienamen aus. Wollten Sie eine Model- oder Schauspieler-Karriere machen, würde sich zum Beispiel Brigitte Bardotte oder Mona Liesa anbieten. Eine Autorin greift zu Carlotta Link oder Virginie Wolf. Als Maler oder Bildhauer könnte man sich Michel Angelo oder Salvador Dahlie nennen. Der Fantasie sind keine Grenzen gesetzt, wohl aber der Verwendung. Wenn Sie unter Ihrem Pseudonym Hoteliers um die Zeche prellen, unter Ihrem erfundenen Namen versuchen, Konten zu errichten und Geldbeträge abzuheben – das könnte Sie teuer zu stehen kommen. Aber für künstlerische Aktivitäten, da können Sie's getrost einsetzen. Der Streit um den wahren und den echten Heino – das war doch eine Ausnahme.

Was macht Lilo Brannsel?

Sie trägt eine dunkelbraune Hornbrille mit großen runden Gläsern, sieht damit wie eine Eule beim Tagesausflug aus, folglich aber so hässlich, dass unverwechselbar.

Oder der weltberühmte Autor Tom Wolfe. Lebenslang trug er einen weißen Anzug. Dafür war er auch bekannt bei Leuten, die nicht mal die Inhaltsangabe zu seinem „Fegefeuer der Eitelkeiten" gelesen hatten. So geht's!

Ein vielverwendetes Accessoire ist die Sonnenbrille. Aber bitte in den Abendstunden oder bei Nacht verwendet. Das ist cool und nicht Mainstream.

Ein angesagtes Hündchen an der Leine für die Dame oder ein Teddy auf dem Arm für den Mann sind als Begleiter ebenfalls empfehlenswert.

Wichtig ist beim Markenzeichen das richtige Maß – übertreiben Sie nicht!

Ein *Markenzeichen* ist ein (kleines) Detail, welches unsere Persönlichkeit unterstreichen, nicht überwuchern oder gar schlucken soll.

Sie haben sicherlich schon einmal Bilder von der Amerikanerin gesehen, die sich freiwillig zur Katze hat umoperieren lassen und davon recht einträglich lebt?

Anfänglich hatte sie ja nur Katzenaugen, aber mittlerweile ist noch weiter nachgebessert. Beim in den Spiegel-Schauen erkennt sie sich vielleicht gar nicht mehr, ist völlig in ihrem Markenimage untergegangen. Aber miau ist keine Lösung.

Kleider machen Leute, so dachten unsere Vorvordern. Heute ist das Gegenteil angesagt. Wer cool ist, geht in Jeans und verblichenem T-Shirt in die Oper. Nur bei Wagners ist man noch schick. Tie or no tie? Das ist nur noch selten die Frage. Die Krawattenträger vergangener Tage signalisierten Respekt für den Gastgeber, für die anderen Gäste, hatten sich fein gemacht. Oh my, solche Schwächlinge!

Ein Drei-Tage-Bart oder unrasiert, das ist heute hip. Ausgefranste löchrige Jeans und unbedingt ungekämmt – da kann man den Professor manchmal nicht vom Penner unterscheiden. Aber das ist cool, weil es anzeigt, ihr, die Welt, alles und alle können mich mal. Ich bin sowieso der Größte!

Auch den Frauen bieten sich im Outfit viele Möglichkeiten.

Im Sommer in Zottelpelz gekleidet, im Winter ohne Strümpfe, Tattoo auf der Schulter für Tante Lore, Fußkettchen für Oma Else. Und wer geht denn vor großen Events noch zum Friseur? Ein verfilztes Vogelnest zu präsentieren, das signalisiert Selbstbewusstsein.

Wenn man sein Logo geschafft hat, geht es an die *Bewerbung*. Welche *Reichweite* diese Werbung haben muss, ist von Fall zu Fall verschieden. Für den Promi gelten andere Reichweiten als für den Staubsaugervertreter.

Ein sinnvoller Werbeansatz für die *Ich-Marke* ist *erlebnisorientiert*: Wir kreieren eine Aura von Popularität und Prominenz um uns herum, an der wir die Konsumenten unserer Ich-Marke teilhaben lassen. Man erzählt von zahllosen Freunden im In- und Ausland, stellt auf der Haus-Party einen oder mehrere Künstler, die man in Wirklichkeit engagiert hat, als beste Freunde vor. Nur kurze Zeit muss man warten – dann reißen sich alle um unsere Gegenwart bei Partys und Einladungen.

Old is gold? Das stimmt nicht! Den Fehler, alt zu werden beziehungsweise es sich anmerken zu lassen, sollte man als aufmerksamer *Ich-Vermarkter* nicht machen! Färben Sie Ihr Haar, straffen Sie Haut, Brüste, Po, lassen Sie jedes Gramm Fett absaugen und vor allem: Erzählen Sie jedem, der es hören oder nicht hören will, dass Sie noch jeden Tag zwei Mal Sex haben. Wollen Sie die Wirkung steigern, behaupten Sie, diesen Sex mit unterschiedlichen Partnern zu haben. Das haut richtig rein! Papa Heuss mit Elly und Enkel – wer schätzt denn das heute noch, wenn man stattdessen Heiner Lauterbach mit seinem gestählten Waschbrettbauch vor Augen hat? Sexobjekt bis zum letzten Atemzug, das ist die Devise. Und noch etwas: Wenn Sie glücklich verheiratet sind, geben Sie es eher nicht zu! Monogamie kann sehr uncool und spießig sein, Promiskuität hingegen taucht so manchen Langweiler in eine Aura von Attraktivität und Jugend! Natürlich sind beispielsweise viele Promipaare seit dreißig Jahren verheiratet – aber das würden sie vor der Fernsehkamera niemals zugeben.

Als *Struktur- und Wiedererkennungselement* benötigen Sie unbedingt einen Spruch, den man zielsicher mit Ihnen in Verbindung bringt, so dass Ihr Markenimage auflebt, wenn Sie auch nur einen Teil der Phrase anstimmen. Ich erwähne an dieser Stelle auszugsweise einige alphabetisch geordnete Vorschläge, die Sie gern in meinem Buch „Lexikon nützlicher Angeber-Phrasen" aus dem Jahr 2013 nachlesen können.

- Aber hallo!
- For heaven's!
- Germanist!
- Hätte Fahrrad, Kette!
- Hallo?
- Mei!
- Oh, my.
- Papperlapapp!
- Sie Beamter!
- Tolle Wurst!

Resümee:
Schritt 1
ein eigenes Markenzeichen designen
Schritt 2
sich selbst als Marke bewerben und in der gesellschaftlichen Umgebung mit geeigneten Maßnahmen einführen, so dass ein Markenimage entsteht

Schritt 3
dem Markenimage entsprechend verbalisieren und zunehmend Taten durch Reden ersetzen.

Sich unterscheiden

Alle Elemente einer Persönlichkeit sind geeignet, Bedeutung zu suggerieren. Sich durch Spezielles oder Ausgefallenes aus der Masse hervorzuheben, unterscheidbar zu werden, ist fundamental.

Man lässt sich den ganzen Körper tätowieren, pierct alle möglichen und unmöglichen Öffnungen, schneidet sich eine Glatze oder trägt zwei Meter lange Zöpfe. Man rühmt sich, zehn Flaschen Wein am Tag zu vertragen oder trinkt lebenslang nur Wasser, man isst keine Kohlenhydrate, ernährt sich nur von Eiweiß oder Rohkost. Man flüstert oder blökt und brüllt. Man benutzt übelsten Jargon oder spricht so gestelzt, dass eine Übersetzung benötigt wird.

Man ist Intensiv-Follower oder Anarcho-Rebell – bei Verhaltensvorschriften, Meinungsäußerungen und Überzeugungsdemonstrationen. Schon Ausgezeichnete heften ihre Orden ans Jackett, tragen sie am Bande oder Halse. Wir zeigen unsere Mastercards, wir gehören exklusiven Clubs an, betreiben teure Sportarten oder Hobbies.

Großartig ist die *Dialektik*, die man für seine Zielerreichung nutzen kann. So erlangt man Aufmerksamkeit eben entweder durch besondere Schönheit oder Hässlichkeit, durch hervorragende Manieren oder raubeinige Unangepasstheit, als hochintelligenter Blaustrumpf oder bildhübsches Blondchen, als Milliardär oder nachdenklich-asketischer Eremit.

Everything goes, man muss nur die richtige Nische und ein passendes Styling finden!

Ach ja. Sabine heißt immer noch Meier, aber einiges hat sich in ihrem Leben getan. Ihr Gespräch mit Müller hat ihr die Augen geöffnet.

Dass dieser hässliche Heini es mit seinen mageren Fähigkeiten bis zum Chef gebracht hat, sich ihr gegenüber dafür auch noch brüstet, das hat sie über ihr eigenes bisheriges Auftreten belehrt. Und seine Frau hat ihn ja auch nicht toll gefunden.

„Bescheidenheit ist eine Zier, doch weiter kommt man ohne ihr", hat Papa immer gesagt. Sie hat sich ein Ziel für das nächste halbe Jahr gesteckt: Müllers Position geschickt untergraben und am Ende des Zeitrahmens seine Stelle übernehmen.

Wie wird sie's anstellen?
Ob sie's schafft?

Profil gewinnen

Gute Nachrichten sind schlechte Nachrichten?

Kürzlich traf ich am Bahnsteig zum Zug nach Offenbach meine ehemalige Chefin. Vor vier Monaten hat sie mir fristlos gekündigt.

„Wie geht es Ihnen denn?", fragte sie mit scheinheiligem Tremolo in der Stimme. Man muss wissen, dass ich immer noch ohne Job bin und mich aktuell ein heftiger Darminfekt quälte.

„Famos, fabelhaft, fantastisch, Frau Schmidt!", habe ich geantwortet. Ihre Kinnlade senkte sich, sie hatte sich was Schlechteres erhofft.

Mitleid gibt's umsonst, Neid musst du dir verdienen. Lediglich ein unverbesserlicher Menschenfreund wird anderen die Freude machen, ihnen von dem großen Unglück zu erzählen, das ihn letztens betroffen hat.

Und sonst oder anderswo? Erst lässt sich das Kuckuckskind füttern, dann wirft es die Stiefgeschwister aus dem Nest ...

Überwinden Sie Ihre Beißhemmung, nur die Forschen und die Frechen überleben gut! Jeden Tag bieten sich viele Gelegenheiten, Partner, Kollegen oder Fremde ganz schön alt aussehen und damit das eigene Licht umso heller scheinen zu lassen!
Einige *Tipps zur Umsetzung*
Geben Sie nicht länger den *stummen Dummen*, bestreiten Sie stattdessen den Löwenanteil jeglicher Unterhaltung! Lassen Sie andere nicht ausreden, unterbrechen Sie!

Kommentieren Sie Redeanteile, die dennoch zustande kommen, mit Äußerungen wie:

„Dass das längst widerlegt wurde, ist Ihnen wohl entgangen?"

„Trivial, und zwar total."

Noch cooler kommt es, wenn Sie dem Sprecher den Konsum irgendwelcher Drogen unterstellen. Das muss natürlich unter den Augen beziehungsweise Ohren der anderen Adressaten geschehen.

„Geben Sie dem x keinen Alkohol mehr, der hatte offensichtlich schon zu viel davon",

„Du hast wohl wieder den ganzen Morgen gekokst", sind gute Sprüche, die man beliebig und mit Phantasie erweitern kann.

Noch effektiver als laut Geäußertes ist nicht zu leise Geflüstertes.

„Muss man die kennen?"

„Das ist doch der, den jeder hier hasst?"

Geizen Sie nicht mit solcherlei beißenden, herabwürdigenden Kommentaren! Auch wenn Ihre Aussagen der Wahrheit nur sehr teilweise entsprechen – es bleibt immer etwas hängen. Glücklicherweise ist der *Mensch ein Herdentier*. Ist durch Sie erst einmal der Zweifel gesät, gelingt Ihnen bald die Vernichtung!

In dubio ...

Wenn es sich einmal gar nicht vermeiden lässt, dass Sie sich zu genialen Gedanken, einer exzellenten Leistung, nettestem Verhalten oder exquisiter Darbietung äußern müssen, *wandeln Sie ein Kompliment, welches fällig wäre, in einen Vorwurf um*!

Sie haben sich zum Beispiel mit Ihrer Freundin im Café verabredet. Sie sieht umwerfend aus, ist völlig neu eingekleidet.

Sie fragen:

„Warum hast du dich denn schon für den Nachmittag so schick gemacht?"

Ihre neue Arbeitskollegin hat Sie zum exquisiten Essen zu sich nachhause eingeladen. Sie:

„Warum haben Sie denn so furchtbar aufwendig gekocht?"

Merke:
Andern Leuten Ehre geben
Wirkt negativ
aufs eigne Streben.

Und jetzt noch fünf Tricks:
 1. *Der Empfindlichkeitstrick*

Er funktioniert folgendermaßen: Sie ärgern Ihren Mitmenschen bis aufs Blut, bringen ihn zur Weißglut oder auf die Palme, treten ihn mit aller Kraft vors imaginäre Schienbein. Wenn dann endlich auch der Gutmütigste oder Gelassenste aus der Haut fährt, zeigen Sie sich überrascht! Nützliche Sprüche für diese Lebenslage sind:

„Du armes Täubchen!"

„Nimm es dir nicht so zu Herzen!"

„Oh je, mach dich mal locker!"

Bei Fremden sind nachstehende Entgegnungen angebracht.

„Kann ich Ihnen helfen?"
„Haben Sie was genommen?"

Die vorstehend skizzierte Psychopathologisierungsmethode (PPM) ist natürlich gemein, aber gerade deshalb ungemein effektiv. Der schwarze Peter liegt augenblicklich bei Ihrem Gegenüber, Sie sind fein raus und der Sieger.

2. *Der Lobe-Falsch-Trick*

Einige Beispiele:

Ihre Bekannte, die sichtbar gute fünf Kilo zugenommen, steht mit Ihnen bei einer Party mit anderen Gästen herum. Sie sagen:

„Oh Lisa, wie bist du so schlank geworden!"[2]

Ihr älterer Bruder, dem man das auch ansieht, begleitet Sie zu einem wichtigen Meeting.

„Darf ich Ihnen meinen jüngeren Bruder vorstellen?"

Was glauben Sie, für wie viel Verwirrung und Scham Sie bei den Betroffenen sorgen können?

Mehr Raffinesse verspricht die Zweideutigkeits-Variante.

„Gnädige Frau, Sie haben nie besser ausgesehen."

„Ihre Leistungen, Herr Schmidt, sind auffallend."

---

[2] Die Wirkung des Statements wird verstärkt, wenn Sie selbst gerade erfolgreich abgespeckt haben.

Solche doppelbödigen Aussagen sind vorteilhaft, weil man dem Formulierer nichts vorwerfen kann. Auf die Bemerkung angesprochen, hat man es doch nur gut gemeint, nicht wahr? Der Frager erscheint als Verfolgungswahn-geplagter Schelm, der ständig Böses denkt!

Die methodisch anspruchsvollste, weil indirekte Variante des Lobe-Falsch-Tricks, sollte nicht vergessen werden.

Gelernt habe ich sie von Victoria van Grog. Die hielt sich von Anfang an, als sie zu unserer Malgruppe stieß, für was Besseres. Hat wohl geglaubt, die Namensähnlichkeit mit dem großen Post-Impressionisten hätte irgendwas zu bedeuten. Auf Gabriele Günter hatte sie es immer ganz besonders abgesehen, wahrscheinlich, weil die viel besser malen kann und sie deshalb regelmäßig vor Neid platzt. Am Tag unserer ersten gemeinsamen Ausstellung ist sie dann zu großer Form aufgelaufen.

Die bekannte Kunstexpertin, die die Laudatio halten sollte, hatte sie aufgetan. Kostenlos. Dass die ihre Cousine war, haben wir erst später rausgekriegt. Die kam eine Stunde vor der Veranstaltung, um sich zu orientieren.

Gabriele hatte von den Wänden den längsten Teil für ihre Bilderstrecke okkupiert, weil sie die Gruppe gegründet hat, aber sie hatte auch am meisten bezahlt. Mit dem Champagnerglas in der

Hand gingen wir an den Exponaten vorbei. Alle schwiegen zurückhaltend, man will ja niemandem auf die Füße treten oder sich gleich am Anfang selbst loben. Frau van Grog allerdings fand sich berufen, die Ansage zu machen, obwohl sie erst seit kurzem Mitglied ist.

Frau Abendschön, die ihre Bilder links von Gabi gehängt hatte, lobte sie als den neuen Gauguin aus, obwohl die Figuren nicht in der Südsee, sondern im Alpenraum angesiedelt waren und sämtlich überfressenen Gemsen ähnelten. Die Kunstexpertin machte sich eifrig Notizen. Als wir dann bei Gabrieles Bildern vorbeidefilierten, fiel Frau van Grog in beredtes Schweigen. Kein Wort drang aus ihrem Mund, dafür waren Mienenspiel und Körpersprache eindeutig. Rechts von Gabis Bildern lebte sie wieder auf. Das Geklecksel von Frau Morgenroth verglich sie mit Keith Haring, die Farbensprache mit Andy Warhol. Wieder vermerkte die Expertin Wissenswertes auf ihrem Block.

Die Laudatio eine Stunde später war entsprechend. Gabriele Günter, in unserer Malgruppe bis dahin der unumstrittene Star, wurde mit keinem Wort erwähnt und hat kein einziges Bild verkauft, aber ich habe für die Zukunft einiges gelernt: Hat man seinen gefährlichsten Mitbewerber um Aufmerksamkeit erst einmal ausgemacht, muss man dessen jeweilige Konkurrenten über den grünen Klee zu loben, natürlich unabhängig von der jeweiligen Qualität. Die tut gar nichts zur Sache, auf Leistung kommt es ja nicht an. Nachdem ich so meinen direkten Konkurrenten empfindlich geschwächt habe, sage ich kein Sterbenswörtchen zu dessen Performance, selbst wenn ich im Verborgenen völlig überwältigt bin.

Auch in der heimischen Sphäre gibt es Konkurrenz. Welcher der beiden Partner ist toller, schlauer, schöner? Wer hat also was zu sagen und wer braucht wie viel zu machen?

Die Schwächungsstrategie *(WS Weakening Strategy)* kann auch hier hilfreich sein.

Sie besuchen mit Ihrem Ehegatten eine Party. Eigentlich ist er der bei weitem bestaussehende Mann des Abends, aber das darf er nicht auch noch von Ihnen bestätigt bekommen, sonst dreht er völlig durch, hebt in der Folge ab und dreht Ihnen selbst daraus einen Strick.

Wenn Sie also beim Anblick Ihres Gatten völlig ergriffen sind, schweigen Sie! Loben Sie stattdessen das Aussehen der anderen männlichen Partygäste in den höchsten Flötentönen, dann geht in der darauffolgenden Woche alles so weiter wie bisher.

Vor der Anwendung dieser Strategie bei Ehefrauen muss indes gewarnt werden.

3. Der Lobe-Niemals-Trick
Exempel

Ihre Gastgeber haben mächtig aufgefahren. Rehrücken, ausgelöst, innen zartrosa. Williams-Birnen, Preiselbeer-Kompott, Kopfsalat mit Pfirsichschnipseln, feinblättrig zurechtgeschnitten. Selbstgemachte Kroketten, in taufrischem Öl ausgebacken, Wildsauce, sämig, fruchtig, nicht zu fett, nicht zu toppen. Jetzt heißt es, keinen Fehler zu machen.

Bleiben Sie stumm! Schweigen ist hier ausnahmsweise angezeigt und zeugt von großer Klugheit, denn: Wenn Sie zu loben anfangen würden, wäre die Aufmerksamkeit der anderen Gäste für Sie selbst zum Teufel!

Die Strategie für solche Fälle lautet also: Ist man mit einer guten bis sehr guten Leistung von Mitmenschen konfrontiert, schweigt man eine geraume Weile, um die anderen Anwesenden durch das eigene Beispiel ebenfalls vom Preisen der gebotenen Leistung und Qualität abzuhalten. Dann beginnt man, weitschweifig und langatmig zu berichten. Im vorliegenden Falle, operationalisieren wir einmal, würden Sie erschöpfend von dem Wetterauer Hutungslammbraten berichten, den Sie, von wildwachsendem Rosmarin, Salbei und Thymian vorteilhaft begleitet, am letzten Wochenende einer umfänglichen Schar von Gästen in Ihrem großen Haus mit erstklassigem Erfolg serviert haben. Wenn Sie solchermaßen Ihre Leistungen ausführlich genug darbieten, wird der Rest des Rehrückens unkommentiert gemümmelt und Sie gehen als Primus aus der Begegnung hervor.

4. Der Bedanke-Dich-Niemals-Trick

Die unter diesem Namen bekannte Strategie ist eigentlich eine Unterform von Trick 3. Da sie jedoch in den letzten Jahren eine immense Bedeutung erlangt hat, sei sie an dieser Stelle noch einmal etwas ausführlicher skizziert.

Wenn Sie sich auferlegen, sich auch für die größten Wohltaten Ihres Mitmenschen nicht zu bedanken, ist dieser Trick geeignet, den Wohltäter in ärgste Kalamität zu stürzen. In dem Moment, in dem seine Erwartungen von Ihnen enttäuscht werden, beginnt er nachzudenken:

Wollte man meine Anstrengung gar nicht?

Bin ich ihm/ihr/ihnen eher zu nahe getreten?

Diesen Trick zu verwenden, ist auch im engsten Umfeld empfehlenswert. Was würde Ihre Ehefrau denken, wenn Sie sich nach jedem guten Mittagessen bei ihr bedanken? Dass die Zubereitung einer warmen Mahlzeit pro Tag etwas Besonderes ist! Nicht lange würde es dauern, dann würde sie sich spreizen:

„Nein, heute geht es mir nicht so gut, da musst du ein Butterbrot essen."

„Jeden Tag das gleiche machen, das kann man doch keinem menschlichen Wesen zumuten. Sorg selbst für dich!"

Mit solchen Gemeinheiten müssten Sie fortan rechnen.

Wenn Sie sich hingegen niemals bedanken, demonstrieren Sie Ihrer Frau, dass die gebotene Leistung etwas absolut Normales darstellt. Sie wird sich hüten, Ihren Gewohnheitsrechten zuwider zu handeln. Falls Sie also weiterhin regelmäßig mit guter Nahrung versorgt werden wollen, bedanken Sie sich um Himmels Willen nicht!

5. *Der Kritisiere-Falsch-Trick*

Ihn sollte man ständig parat haben. Er hilft, durchgängig negativ zu bleiben und damit Anspruch zu demonstrieren. Besuchen Sie Veranstaltungen, die nicht Ihrem sonstigen Niveau oder Ihrem sonst demonstrierten Niveau entsprechen.

Wenn Sie also zum Beispiel klassische Dramen lieben und öfter im Schauspielhaus sind, gehen Sie mit Ihren Bekannten in eine von Laiendarstellern gespielte Bauernkomödie. Oder Sie schlagen einen Currywurst-Buden-Besuch vor, obwohl Sie eigentlich immer im Frankfurter Hof dinieren. Das schafft Ihnen Gelegenheit! Ziehen Sie eine halbe Stunde über das grottenschlechte Niveau beziehungsweise die widerwärtigen fetten Kalorienbomben her! Das war nun wirklich nicht Ihr Fall!

Und bei jeder Aktivität niemals vergessen: Profilierung auf Kosten von anderen ist am erfolgreichsten und Angriff allemal besser als Verteidigung!

In Form

Aussehen und Ansehen
Ein allgemein gültiges Schönheitsideal zu definieren, scheint schwierig. Man betrachte die Steinzeit-Venus von Willendorf, Rubens' Modelle, Twiggy oder Heidi Klum. Wenn man also nicht genau weiß, wonach man streben sollte, gibt's ein Problem. In einem PR-Magazin las ich neulich folgende Unternehmensanzeige:

„Wir befolgen keine Trends, wir machen sie."

Ist das der Weg? Wer über entsprechende Marktmacht verfügt

- schneidet das gesellschaftliche Schönheitsideal auf seine Person zu
- befördert mit *vielfältigen PR-Maßnahmen* dessen Akzeptanz
- setzt das neue Ideal letztendlich durch?

Spieglein, Spieglein an der Wand
Ich bin die Schönste
im Land.

Kann man *neue* Schönheits*vorstellungen wirklich durch häufige Wiederholung in den Medien durchsetzen? Lassen sich alte Muster überschreiben und neue einprägen?*

Vielleicht –
- wenn der Häh-Faktor[3] nicht zu ausgeprägt ist
- die Wiederholungsrate bei dem Optimum liegt, so dass es nicht zur Reaktanz[4] kommt.

---

[3] „Häh? Der/Die/Das soll schön (gut, richtig, wichtig) sein?" Der Unterschied zwischen alt und neu ist zu groß.

[4] „Schon wieder dieser Quatsch! Nicht zum Aushalten! Schalt ab, mach aus, leg weg!"

Benimm dich?

Verhaltensnormen haben sich in Gesellschaften entwickelt. Sie waren nützlich, denn sie erlaubten Vorhersagen für das Verhalten der Kommunikationspartner. So soll zum Beispiel das Gähnen, welches bekanntermaßen ansteckt, seit der Steinzeit existieren. Gähnte Hordenmitglied Nummer eins, tat zwei es ihm gleich und signalisierte damit:

„Wenn du gleich einschläfst, schlag ich dir nicht den Schädel ein, denn auch ich bin müde, wie du an meinem Gähnen unschwer ablesen kannst."

Diese Norm war so nützlich und friedensstiftend, dass sie ins genetische Repertoire von uns Menschen gerutscht ist.

Die meisten Verhaltensregeln sind nicht angeboren, sondern erlernt. Sie sind bezogen auf eine Zeit und einen speziellen Kontext. Rülpsen, Schmatzen, Spucken – durchaus nicht in allen Ländern verpönt! Und noch nicht lange ist es her, dass das Ideal des *Gentleman*, der *vornehmen Dame* und des *wohlerzogenen Kindes* existierte.

Schauen wir in die virtuelle Welt des Fernsehens, des Films, der Computerspiele und der Songtexte, entdecken wir nur noch wenig davon.

Welcher Gentleman genießt und schweigt denn noch?

Soll Gentle-Man der Frau, die vor ihm läuft, die Firmen-Tür aufhalten, wenn sie ihm danach vielleicht den Beförderungs-Job wegen der Frauenquote vor der Nase wegschnappen wird?

Soll frau wirklich warten, bis man(n) ihr einen Heiratsantrag macht? Da gäbe es vermutlich weitere dreiunddreißig Prozent Singles.

Kann man sich als zurückhaltend-vornehme Dame gegenüber Katzen und Zicken, Böcken und Hornochsen behaupten?

Wohlerzogene Kinder? Trifft auf sie nicht die Beschreibung *Opfer* zu?

Manieren waren ehemals Erfolgsgaranten. Mit der heutigen Zeit und unserem Ziel der Ich-

Vermarktung passen sie nur wenig zusammen. Sie gebieten Rücksichtnahme in Form von Höflichkeit, Zuverlässigkeit, Pünktlichkeit, Ehrlichkeit … – also all jenen überkommenen Sekundärtugenden, die ein Hemmnis für die Entwicklung des eigenen Egos, für die Emanzipation des Individuums darstellen.

Für erfolgreiches Ich-Marketing sind sie kontraproduktiv.

Allerdings!

Wissen und Können

Unser Zeitalter soll das des Wissens und der Wissenschaft sein. Warum gibt es dann so viele dumme Leute, denen mediale Aufmerksamkeit zuteilwird?

Nun wegen des *Aufmerksamkeitsfaktors* aber statt des Schlaubergers den Hohlkopf zu geben, wäre eine schlechte Entscheidung. Es gibt zwar genug Beispiele für superdumme Politiker, doofe Schauspieler, dämliche Manager – aber im Sinne der bereits erwähnten Dialektik kann man vermutlich durchaus auch heute noch mit Wissen, Können, Klug- und Schlauheit Erfolgspotentiale für das Ich-Marketing kreieren.

Dieter ist keine Ausnahme. Hat er sich doch bei Sabine als Simpel präsentiert. Das hatte schlimme Folgen!

Haus, Auto, Pferd

Haben oder Sein? Die ewige Frage.

Reiche Leute sollen des Öfteren unglücklich sein, ihr Leben erschöpft sich in Fragen, wer die längere Yacht besitzt oder den höheren Treppenaufgang aus Marmor, sie haben keine Ziele mehr, weil ohnehin bereits alles erfüllt ist, leiden unter Überdruss. Zufriedener sind sie also nicht zwingend, aber auf jeden Fall beeindruckender – durch ihren Besitz!

Imelda Marcos war weltweit für ihre Schuhsammlung berühmt, Jackie Onassis für ihre unzähligen Roben. Autosammlungen, Wohnungen in Übersee und am Mittelmeer, Riesen-Brillanten – all das lässt uns staunen.

In anderen Kulturen, versunken oder nicht, maß man den Mann an der Zahl des Nachwuchses und seiner Frauen.

In unserer westlichen Welt spielt die Familie nicht mehr eine so große Rolle fürs Ansehen.

Die gesetzlich vorgeschriebene Einehe hat die Zahl der Partner ohnehin begrenzt, so kann man damit nicht mehr punkten. Konsequenterweise hält sich auch die Anzahl der Kinder im kleinen Rahmen, ein weiteres Impressionspotential entfällt.

Dieter Müllers Idee, wenigstens nacheinander mehrere Frauen zu haben – wenn's bei uns schon nicht parallel geht – hat er bisher nicht mal im Ansatz bewegen können. Er ist sich auch gar nicht mehr so sicher, ob er eine Annäherung an Sabine noch anstreben soll. Bei der Präsentation der diesjährigen Planung für das von Dieter verantwortete Finanzressort hat sie sich sehr merkwürdig verhalten. Sie war nicht pünktlich gewesen, dreieinhalb Minuten zu spät! Dieter hatte keine Möglichkeit mehr gehabt, sie vor der Präsentation noch einmal auf Linie zu bringen. Hätte sie ihn vorher gefragt, wäre sie wohl auch nicht so aufgetakelt erschienen. So, als wollte sie ihm mit ihrem übertriebenen Outfit die Show stehlen! Ihre langen blonden Haare waren zu einer gelockten Löwenkopf-Mähne aufgetürmt. Sie trug High-Heels zum Midi-Rock, was Dieter – und bestimmt auch jeden anderen männlichen Teilnehmer – ins Reich der Träume geschickt hatte.

Als er sie dann als Sabine Meier und seine neue Assistentin den anwesenden Aufsichtsrat- und Vorstandsmitgliedern präsentiert hatte – Was hatte übrigens die Frauenbeauftragte hier zu suchen? – mutete sie ihm die nächste Peinlichkeit zu.

„Darf ich Sie in einem kleinen Detail korrigieren, Herr Müller?"

Sie blickte ihn verschmitzt – oder war es überheblich gewesen – an. Das „Müller", das „ü" in seinem Namen, hatte sie dazu überflüssigerweise tief hinten im Hals und mit einem ganz runden aufgeplusterten Mund ausgesprochen, so dass der deutsche Umlaut im Konferenzsaal förmlich zu hallen schien. So wie bei der Werbung für die Milch. Ein langer Blick in die Runde danach.

„Mein Name ist Meäär, man muss meinen Nachnamen französisch aussprechen, Herr … Müller", hatte sie korrigiert und das „ü" wieder so gemein tief im Hals ausformuliert.

Ob seine Antwort

„Ich glaube, es gibt jetzt Wichtigeres als die Aussprache Ihres Namens, Sabine. Tritt mal zur Seite, Mädle!", bei den Anwesenden gut angekommen war?

Er hatte eigentlich, vor allem für seinen kleinen Dialekteinwurf, ein paar Lacher, vielleicht sogar Klopfer erwartet. Stattdessen hatte sich eisig-lähmendes Schweigen breitgemacht. Die Sitzung war kühl-professionell abgelaufen. Sabine hatte Dieters Prognose- und Planungszahlen in Power-Point so präsentiert, als seien sie auf ihrem eigenen Mist gewachsen.

Am Ende der Sitzung waren alle Aufsichtsrats- und Vorstands-Herren ohne ein weiteres Wort oder Handschlag verschwunden.

Nur die Frauenbeauftragte hatte einen Spruch für Dieter übrig.

„Behandeln Sie Mitarbeiterinnen immer so?"

Mit betroffen-bestürztem Blick war sie abgerauscht.

Was führte Sabine im Schilde?

Na ja, er hatte den Brief mit seinem Heiratsantrag sowieso nicht mehr in seiner Jackentasche gefunden, der war ihm irgendwie, irgendwo oder irgendwann abhandengekommen.

Der hatte aber bei der Lage der Dinge wohl ohnehin keine Bedeutung mehr.

Was tun?

In den vorangegangenen Kapiteln haben wir die Bedingungen für unser Ich-Marketing unter die Lupe genommen. Wer sind wir, welche Potenziale bringen wir mit, wie und wer wollen wir sein beziehungsweise scheinen?

Was müssen wir dafür tun? Was müssen wir unterlassen? Wie bricht man letztlich zur erfolgreichen und allseits bewunderten Ich-Marke durch? Diesen Fragen soll in den folgenden Kapiteln vertieft nachgegangen werden.

Ob *von Sabine lernen siegen lernen* heißt – das kriegen wir im Laufe dieses Buches bestimmt noch heraus.

Partnerwahl

Liebe und Freundschaft – sind das nicht die Bereiche, wo Wichtigmachen unwichtig ist, die einzigen Felder, auf denen der Kampf des Lebens zum Erliegen kommt?

Ein bisschen Statistik: Mittlerweile trennt sich, nach Hochzeit mit Brautkleid für dreitausend Euro, DJ und Fotograf für weitere dreitausend, Hochzeitstorte, Rosen-geschmückter Einladung, einhundert Gästen und Hochzeitstauben, die die kircheneigenen Treppenstufen vollkacken – fast jedes zweite Paar wieder.

Dabei nicht mitgerechnet sind die vielen, die mit Lebensabschnittsgefährten in wilder Ehe hausen. Die trennen sich noch viel leichter und öfter. Nachdem nun also die Zeiten, wo die Ehefrauen Gehorsam lobten und lebten, vorbei sind, tobt der Kampf und droht das Verfallsdatum.

Kann man doch nur zusammen leben, wenn einer, der Klügere – oder ist es vielleicht der Dümmere – nachgibt und sich ausbeuten lässt? Die Ehefrau, die dem tüchtigen Ehemann auf der Tasche liegt? Die, statt durch eigene Berufsarbeit zum Familieneinkommen beizutragen, lieber jeden Tag eine Shopping-Tour macht? Der Ehemann, der sich in seinem Heim einen Sklaven für Kinder, Hund und Haushalt hält?

Eigentlich kann man sich allein sowieso am besten entfalten. Die Aufmerksamkeit muss man nicht teilen, fremde Ziele nicht beachten. Andererseits macht die Entfaltung nur Spaß, wenn dabei Zuschauer und Zuhörer zugegen sind. Notgedrungen entscheiden sich also heute immer noch Menschen, mit einem Partner zu leben. Viele Menschen suchen sich einen gegengeschlechtlichen Partner, was nicht unbedingt immer von Vorteil, aber bei bestimmten sexuellen Vorlieben nicht zu umgehen ist.

D*as Verhalten und die Vorlieben* gegengeschlechtlicher Partner (Mann und Frau) lassen sich durch zwei Merkmale, nämlich *lang* beziehungsweise *kurz* unterscheiden.

Ach, echt?

1. Erzählen
2. Beklagen
3. Reden
4. Diskutieren
5. Zärtlichkeit
6. Sex
7. Telefonieren
8. Shoppen
9. Fernsehen

In einer landesweiten Studie soll das Merkmal *lang* beim weiblichen Geschlecht für die Aktivitäten 1 bis 8 beobachtet worden sein; beim männlichen Geschlecht hingegen wurde für 1 bis 8 das Merkmal *kurz* überproportional häufig festgestellt. Nur bei Aktivität 9 hatten die Männer beim Merkmal *lang* die Nase vorn. Man berichtet, von Seiten der Genderforschung sei bekannt geworden, dass diese Unterschiede in Verhalten und Vorlieben nicht biologisch, sondern rein kulturell bedingt seien.

Wie man unter diesen bemerkenswerten Bedingungen den Wichtig-Fühl-Effekt konserviert?

Zwingen Sie Ihren Partner bei allen Aktionen, die er lang haben möchte, zur Kurzvariante und umgekehrt.

Unbedingt!

Noch etwas...

Falls Sie einen megacoolen Gefährten ergattern können (siehe unten links), so mag von seinem Glanz auch etwas auf Sie abfallen. Diese Strategie sollten Sie aber nur im äußersten Notfall verfolgen, wenn Sie sich selbst absolut nichts zutrauen.

Dann ist wenig eben besser als gar nichts.

Ist man selbst Superman oder Wonderwoman, läuft die Chose anders herum.

Nehmen wir einmal an, Sie (weiblich) wählen einen Hänfling (siehe unten links). Der Unterschied wird ins Auge stechen, man wird Ihnen Ihre Überlegenheit signalisieren – und das wird Ihnen sehr wohltun.

Profitieren Sie im Folgenden noch von den Erfahrungen, die meine engste Bekannte Irene mit ihrem ersten Partner Rolf gemacht hat.

Hier der Brief, den sie an ihn nach der Trennung geschrieben hat.

Lieber Rolf,

da wir uns aus den bekannten Gründen nicht mehr sehen, wende ich mich heute schriftlich an dich. Mein wissenschaftliches Projekt „Das große A"[5] ist nun endlich fertig! Und dir gebührt Dank dafür!

In den sechsundzwanzig Jahren unserer Lebensabschnittspartnerschaft hast du mir unschätzbar wertvolle Empirie ermöglicht.

Wenn auch die Stichprobe zugegebenermaßen klein war, so hatte unsere lange Beziehung doch den Vorteil, dass ein zeitlicher Längsschnitt ermöglicht wurde. Es gab konstante A-Kategorien, es gab Merkmale, die sich im Zeitablauf änder-

---

[5] *Das Kürzel habe ich in Anlehnung an „Das kleine Arschloch" (Filmtitel) kreiert.*

ten. Auf detaillierte Darstellung kann hier verzichtet werden. Dies geschieht im Buch, dessen Preis und ISBN-Nummer ich dir noch mailen werde.

Ich bin übrigens seit drei Monaten verheiratet. Mit einem Mann, der das genaue Gegenteil von dir ist – ein großer Glückszufall, der das wissenschaftliche Projekt abgerundet und die Aussagen geschärft hat.

Ich wäre bereit, im Anhang des Buches eine entsprechende Danksagung an dich zu verfassen.

Vielleicht teilst du mir deine Zustimmung kurz mit?

Bist du immer noch mit deiner neuen Gefährtin zusammen?

Sollte mein Buch in die zweite Auflage gehen, wäre ich an einem Austausch mit ihr sehr interessiert. Also, grüße sie von mir.

Ich werde dich wirklich nie vergessen!
Beste Grüße,
Irene

Da das dauerhafte Zusammenleben am Ende wahrscheinlich auch bei Ihnen scheitern wird, achten Sie *vor* der Eheschließung oder Verpartnerung darauf, dass Sie die Nase vorn haben! Handeln Sie einen Vertrag aus, in dem Ihre Interessen klar dominant sind. Wenn sich Ihr Partner darauf nicht einlassen will, dann war's doch sowieso nichts. Sie hätten nichts davon gehabt!

Werfen wir abschließend einen Blick auf *pPs*, *p*latonische *P*artnerschaften (ohne Sex). Ob's da einfacher ist? Lesen Sie mal, was ich kürzlich über zwei beste Freundinnen – Ilsebill und Gudrun – erfuhr.

Vorab bemerkt, Ilsebill kenne ich nur flüchtig. Alle meine Bekannten behaupten, sie leide unter sporadischer Logorrhoe, die ausbreche, sobald sich ein Opfer finde. Neulich hat sie mich, als wir uns beim Einkaufen trafen, vollgelabert. Ihre Geschichte habe ich mir zuhause notiert. Schien mir alles so drollig.

Bei Gudrun weiß man nie. Die wird manchmal von einem Tag zum anderen irgendjemandes Feindin. Und mit Ilsebills Informationen habe ich etwas gegen sie in der Hand. Das kann ich ihr dann auftischen, dann wird sie schon überlegen, ob sie weiter gegen mich vorgeht. Gudrun hat nämlich in unserem Kreis eine gehörige Macht. Sich mit Gudrun anzulegen, das muss man sich sehr gut überlegen.

Was Ilsebill erzählt hat
„Gudrun ist älter als ich.
‚Dass du so viel älter bist, das sieht man nicht, Gudrun.'
Das sagen alle zu Gudrun. Und zu mir sagen sie:
‚Dass Gudrun so viel älter ist als du, das sieht man nicht, Ilsebill.'

Dieser Meinungskonsens erklärt wahrscheinlich, warum ich Gudruns beste Freundin bin.

Es erklärt aber nicht, warum sie meine beste Freundin ist.

Na ja, ich hab keine andere.

Gudrun ist erfolgreich. In der Gesellschaft. Sie hat viele gute Freundinnen und unzählige gute und sehr gute Bekannte. Und dann so einen Gesellschafts-Versager wie mich als beste Freundin!

‚Die Ilsebill, die Ilsebill, die macht genau, wie ich als will.'

Weißt du, dass Gudrun diesen Spruch jedes Mal zum Besten gibt, wenn wir irgendwo eingeladen sind? Ich werde ja immer nur mit Gudrun zusammen eingeladen. Deshalb muss ich's mir auch gefallen lassen, sonst würde ich bis ans Ende meiner Tage zuhause versauern. Aber ich schäme mich dann regelmäßig so, dass mir nichts mehr Spaß macht. Könnte ich auch gleich daheim bleiben."

An dieser Stelle von Ilsebills Bericht fing's Gottseidank fürchterlich an zu regnen. Ich hatte schon kurz überlegt, ob ich in das Beziehungsgeflecht der beiden eingreifen und Ilsebill mal einen guten Rat geben sollte. Der Regen enthob mich der Entscheidung. Muss sie eben selbst drauf kommen.

Außerdem ist sie ja keine Busenfreundin und ich bin nicht von der Wohlfahrt.

Berufswahl will überlegt sein

Unter Berücksichtigung unseres angestrebten Ziels bieten sich nur wenige Berufe an.

Wichtigstes Merkmal ist die *Personalverantwortung*.

Wenn Sie Menschen haben, die von Ihnen abhängig sind, auf denen Sie herumtrampeln können, denen Sie die Meinung geigen können, ohne dass diese Untergebenen auch nur ein Sterbenswörtchen in Ihre Richtung äußern können – oh, das tut gut! Werden Sie also ein kleiner oder ein großer Chef. Auf die Menge der von Ihnen Abhängigen kommt es erst in zweiter Linie an, denn es reicht auch einer, den Sie malträtieren können.

Wenn Sie über die Branche nachdenken:
Es ist am besten, wenn es dieser Branche ganz, ganz schlecht geht. Dann nämlich sind viele Arbeitnehmer arbeitslos und auf der Suche nach einem Arbeitsplatz. Und dann können Sie beispielsweise Habilitierte, Doktoren, Geisteswissenschaftler und andere Gestalten durch die Gänge jagen! Und da Sie denen folglich auch fast nichts bezahlen müssen, selbst aber damit umso besser verdienen, wird Ihnen Ihr Stellenwert in der Gesellschaft freudig bewusst werden. Wenn man sein Mütchen so an diesen Besserwissern kühlt, verschwindet auch der Komplex wegen der schlechten Schulnoten!

Unter günstigen Umständen steht auch der nicht berufstätigen Nur-Hausfrau die vorstehend skizzierte Freude und Genugtuung offen. Günstig sind die Umstände dann, wenn man aus eigener Quelle oder der des Ehegatten über ausreichende Mittel verfügt, um Bedienstete zumindest in einer Halbtagsarbeit zu beschäftigen. Noch vor einigen Jahrzehnten verfügte ja jeder standesgemäße Haushalt und dessen Vorsteherin über genügend Personal. Koch, Köchin, Putzfrau, Stubenmädchen Chauffeur – um die wichtigsten zu nennen. Das kostet heute, nachdem die Ausbeuterlöhne auch bei den haushaltsnahen Dienstleistungen im Verschwinden begriffen sind, richtig Geld. Hat man nicht genug davon, sollte man es bleiben lassen. Das denke ich zumindest, seitdem ich letzte Woche meine Freundin Charlotte besucht habe.

Ich war einfach mal reingeschneit. Das mache ich dann und wann recht gern, weil man so seine Informationsbasis über Bekannte beträchtlich erweitern kann. Man kriegt da Dinge raus, die bleiben einem sonst über Jahrzehnte verborgen.

Ich klingelte an der Haustür. Erst einmal dezent, so wie es die Sitte ist. Im Haus rührte sich was, das konnte ich genau hören, aber im Flur passierte nichts, die Haustür blieb verschlossen. Charlotte wohnt zwanzig Kilometer von mir entfernt. Den weiten Weg wollte ich mir nicht umsonst gemacht haben. Ich klingelte Sturm, so haben wir das früher genannt, wenn die Leute sich bei „Eier und Speck, jetzt geh'n mer ned weg" vor ihrer Spende drücken wollten. Da haben wir jeden rausgekriegt, das kann ich Ihnen versichern. Es dauerte auch nicht lang, dann erschien Charlotte in der Tür. Der Anblick war echt der Hammer. Sie hatte ein Kopftuch wie einen verunglückten Turban um ihr sonst so perfekt frisiertes Haar gebunden, sie trug einen Kittel, der sie um zwanzig Kilo schwerer machte und sie so gut kleidete wie ein Chanel-Kostüm eine Kuh. Und dann noch grüne Gartenclogs von Schnaldi, wo sie sonst immer so mit ihren italienischen Schuhen angibt. Völlig ungeschminkt sah sie wie ihre eigene Oma aus. Hätte sie wenigstens etwas gelächelt, hätte das schon was rausgerissen. Aber nein, sie muffelte mich an und wollte etwas von mir wissen:

„Na, wo kommst du denn so urplötzlich her? Das ist ja eine schöne Überraschung!"

Die doppeldeutige Aussage zum Schluss hätte sie sich bei einer Freundin schenken können, finde ich. Wir standen immer noch an der Haustür. Sie wollte mich bestimmt abwimmeln, so wie sie sich da mit verschränkten Armen, auf einen Besenstiel gestützt, vor mir aufgebaut hatte. Aber da muss sie sich schon einen anderen aussuchen als mich.

„Willst du mich hier draußen stehen lassen oder bittest du mich doch noch herein?", fragte ich deshalb und trat einen Schritt auf sie zu. Wahrscheinlich war's meine Körpersprache, die sie endlich veranlasste, mir Zugang zu ihrem Haus zu gewähren. Sie trat zur Seite, hob den Arm.

„Na, dann komm halt rein."

Es sah in der Wohnung aus wie bei Hempels hinterm Sofa. Im Flur der Eimer mit Wasser, welches, ehrlich gesagt, schon eine sehr schmutzig braune Farbe angenommen hatte. Na ja, das war ja dann wohl nötig gewesen. Auf der Kommode lagen ein feuchtes und ein trockenes Staubtuch. Als ich beim Reingehen ins Wohnzimmer schnell und heimlich die Fingerprobe machte, zeigte sich ein breiter Streifen. Da hatte man sich wohl noch nicht sehr erfolgreich mit der anstehenden Aufgabe beschäftigt.

Charlotte hob wieder stumm den Arm, als wolle sie mich zum Sitzen auf der Couch einladen.

„Hat dir mein Besuch die Sprache verschlagen oder redest du jetzt nicht mehr mit mir, Charlotte?"

So benimmt man sich doch nicht als Gastgeberin!

Da sie nichts entgegnete, nahm ich den Gesprächsfaden auf.

„Putzt du jetzt immer selbst? Hast du nicht vorige Woche beim Stammtisch noch behauptet, du hättest eine Putzfrau?"

So, das hatte gesessen. Jetzt würde Charlotte antworten müssen, sonst hatte ich sie als Lügnerin erwischt. Und, glauben Sie mir, sie wusste genau, was das für Folgen für sie haben würde.

„Doch, klar habe ich meine Putzfrau noch. Aber ich muss immer putzen, bevor sie kommt."

„Wie bitte? Kannst du mir das mal erklären? Wofür hast du denn dann überhaupt eine Putzfrau?"

„Ach, ich teile sie mir mit drei Nachbarinnen, so als Minijob eben. Und wenn ich nicht putze, dann erzählt sie den anderen dreien, wie dreckig es bei mir ist. Und die sind alle mitteilsam, dann weiß es am nächsten Tag die ganze Straße und das kann ich mir nicht leisten."

Ich bin daraufhin noch ein kleines Weilchen bei Charlotte geblieben. Man will sich als Gast ja auch nicht zu schnell verabschieden, sonst denkt der Gastgeber noch, es gefällt einem nicht bei ihm. Aber letztlich hatte dieses merkwürdige Verhalten mir die Sprache verschlagen. Wenn man sich keine Putzfrau leisten kann, dann muss man es eben lassen, nicht? Die haben dich doch in der Hand, wenn du ihnen nur einen kleinen Beschäftigungsumfang gibst. Macht der ja nichts, wenn du sie rauswirfst, bei dem bisschen Geld.

Da musst du dich eben zum Deppen machen wie Charlotte. Wenn man dagegen eine versicherungspflichtige Halbtagsposition ausloben kann, da ist man schon ein kleiner Chef mit allen dazugehörigen oben beschriebenen Vorteilen.

Früher war ja sowieso alles anders. Da hatten es besonders Professoren, Lehrer und Ärzte gut. Die konnten sich so richtig entfalten, im Vorlese- oder Schulsaal, im Warte- und Praxiszimmer. In diesen Metiers gibt es jetzt aber so viele blöde Gesetze und Vorschriften – da kann man nicht mehr unbedingt zuraten.

Wer allerdings schon erfolgreich einen Lehrstuhl ergattert hätte, Bücher schriebe und schlau wäre, der hätte gute Karten: schleunigst alle Grundsätze des Verständlich- und Klar-Formulierens vergessen – Gedanken aufplustern, auf die DWMR[6] für Sätze pfeifen! Warum soll man einfach sagen, was auch schwierig geht? Wird für ein Werk eine Quasi-Übersetzung gebraucht, werden dessen Gedanken für so komplex und genial halten, dass der Verfasser sich vor Bewunderung kaum retten kann. Unzählige Fremdwörter, viele davon selbst erfunden, übelster Fachjargon – ein sicherer Weg zum Erfolg.

Spreizen kann man sich im Wissenschaftsmetier auch, indem man überflüssige Theorien in

---

[6] Dreißig-Wörter-Maximum-Regel

die Welt setzt. Ein Meteorologe oder Klimawissenschaftler könnte zum Beispiel eine Hypothese formulieren, die auf jeden Fall richtig ist, wie: „Wenn der Hahn kräht auf dem Mist, ändert sich das Wetter, oder es bleibt, wie es ist."

Dann erhebt er lange Versuchsreihen, zieht zur Auswertung die kompliziertesten Methoden heran.

Nach einer Langzeitbetrachtung von zehn Jahren und der Vollzeitbeschäftigung von drei zusätzlichen Mitarbeitern, wird das endgültige

Resultat verfasst. Man hat, wohl zuerst, die Hypothese mit Zahlenmaterial validieren und verifizieren können. In 47% der beobachteten Fälle bei Präsenz der Kontextvariable „Hahnengeschrei" hat sich das Wetter geändert, in 53% blieb das Wetter gleich. Ergo:

„Wenn der Hahn kräht auf dem Mist, ändert sich das Wetter, oder es bleibt, wie es ist."

Eine schöne Sache für Fernsehmacher ist das Panoptikum-Prinzip[7]. Mit dessen virtueller Variante besteht beste Möglichkeit, sich auf Kosten anderer Leute zu entfalten. Das adäquate Format ist mit Leichtigkeit abgeleitet: Man nehme einen oder mehrere komische Menschen. Die dürfen das aber nicht wissen, sie müssen unfreiwillig komisch sein. Dann lässt man sie agieren, stellt ihnen dabei natürlich zahlreiche Fallen, so dass sie sich vor versammelter Öffentlichkeit bis auf die Knochen blamieren.

Mensch, werde lächerlich!

Lachnummern ziehen immer, der nächste Schritt auf der Karriereleiter des Kreativen ist vorprogrammiert.

---

[7] Panoptika kennen wir aus der Vergangenheit: Auf jedem Jahrmarkt stellte man zur Belustigung der Zuschauer besondere Menschen (merkwürdige, monströse, hässliche, riesige) und Tiere (Giraffen, Affen und Tanzbären) aus.

Ein Gedanke zum Schluss.

Es könnte besser sein, überhaupt keinen Beruf zu wählen. Überlegen Sie mal: Wer arbeitet, macht Fehler. Und Fehler werden einem vorgeworfen, man fühlt sich schlecht, unterwertig, fühlt sich alles andere als wichtig.

Wenn Sie diese Entwicklung vermeiden wollen, verweigern Sie die Arbeit!

Richtig konsumieren!

Gegessen

Ich war neulich bei einer alten Bekannten eingeladen. Brunch. Alles vom Feinsten.

Wir schwärmten gerade vom Essen, ließen uns Tipps geben, befragten die Gastgeberin nach den frischen Kräutern, die sie so erfolgreich verwendet habe – als sich aus einer einsamen Ecke die neue Bekannte meiner alten Bekannten mit der Frage „Ist das Rindfleisch im Steaktopf aus der Hoch-Rhön?", zu Wort meldete.

Die Gastgeberin schwieg.

Das war jedoch nur der Auftakt gewesen.

„Genauer gesagt", fuhr jene Dame fort, „ist es aus der südlichen Hoch-Rhön? Und – hat es sich ausschließlich oder wenigstens überwiegend von ökologisch-biologisch-dynamischem Weidegras ernährt? Last but not least, wurde es bei abnehmendem Mond geschlachtet? Das nämlich ist für die Qualität des Fleisches essentiell."

Meine Bekannte wirkte nach den vier Hieben geschrumpft, die Fragerin im gleichen Verhältnis aufgeblasen.

„Ach, wissen Sie", fuhr diese, nun einen nach dem anderen fixierend, fort, „die Kräuter kann man ja nur beim Wisseles auf dem Großmarkt holen, alles andere ist doch einfach Dreck!"

Vor so viel Konsumexpertise breitete sich bei uns allen lähmendes Entsetzen aus. Wer überhaupt würde bei einer nächsten Frage mithalten können? Und wenn die Gastgeberin etwas zu verbergen hatte, das wussten wir, würde sie es jetzt beichten müssen. Weil sie nämlich nicht lügen kann, sondern immer und ewig nur die Wahrheit sagt. Und dann brachte sie es heraus, das Unwort, das Entsetzenswort:

„Schnaldi!"

Sie hatte die Rindersteaks tatsächlich bei Schnaldi gekauft! Und die Kräuter ebenso!

Nach dieser ungeheuerlichen Offenbarung trat die neue Bekannte aus ihrer einsamen Ecke heraus. Sie erzählte, nun umringt von uns Gästen, mit welch exquisitem Geschmack sie selbst ihre Kochzutaten auswähle, das Beste sei immer noch zu schlecht für sie, deshalb erwäge sie, mit eigener Hand und eigenem Fuß einen nachhaltig-umweltgerechten Kräutergarten auf ihrem weitläufigen Hausgrundstück anzulegen.

Ach, ehrlich gesagt, ich hatte die Gastgeberin eigentlich schon vor der heutigen Einladung für etwas simpel gehalten. Wir haben uns daraufhin alle schnell verabschiedet, die Sache war ja damit gegessen.

So kann's einem gehen, wenn man die falschen Lebensmittel verwendet beziehungsweise Herkunftsnachweise so bereitwillig und blödsinnig ehrlich herausrückt. Ist doch gar nicht nötig. Auch für die Gäste kommt's doch nur aufs Gefühl an, da tut man ihnen doch quasi einen Riesengefallen, wenn man sie nach Strich und Faden belügt, nicht wahr?

Ich selbst esse im Übrigen auch sehr gerne Hausmannskost. Selbstgemachte Reibekuchen mit Apfelmus oder Bratkartoffeln mit Spiegelei. Wenn man mich früher aber dann und wann einmal nach meiner Leibspeise fragte, setzte ich mich zunächst auf den zunächst stehenden Stuhl. Das ist nämlich mein Körpersprachensignal, dass die Nennung etwas länger dauern wird. Dann holte ich aus.

„Ich habe schon in aller Welt diniert, da ist es schwierig, meinen Gaumen noch zu kitzeln. Aber neulich war ich bei Baronin Tuissendank eingeladen. Die kennen Sie ja sicher? Ach nein? Nun, als wir dort im zugegebenermaßen sehr exklusiven Zirkel zusammensaßen, wurde als Fischgang Seezunge im Rosmarin-Jus an einer Herzoginkartoffel im Mandel-Mantel serviert. Ich muss allerdings sagen, dass Seezunge im Thymian-Jus, der seine letzte Abrundung durch feine Goldplättchen erfahren hat, so, wie er letztens bei Herzogin Wandsor auf die Tafel kam, noch etwas delikater ist."

Warum mich schon länger niemand mehr nach meinem Lieblingsgericht gefragt hat? Komisch.

Dass ich's nicht vergesse:

Wagen Sie ja nicht, falsche Reisen zu machen! Die meisten Reisen, die Spaß machen, sind nämlich falsch. Ich hab' mich früher zum Beispiel immer gefreut, wenn ich für möglichst wenig Geld möglichst viel geboten bekam. Nach diesem Preis-Leistungs-Verhältnis habe ich dann leider viele falsche Reisen ausgewählt. Ich bin zum Beispiel mit Schnaldiosus in der Türkei gewesen, rauf nach Troja, Ephesos, all die antiken Highlights. Und das Fünf-Sterne-Hotel, einfach klasse.

Dass wir damals vier Stunden im Bus bei vierzig Grad im Schatten auf die Pfarrersleute gewartet haben, die für zwanzigtausend Euro Schmuck in der Schmuckfabrik gekauft haben und am nächsten Tag zwei Stunden auf den Lehrer, der eine Zweitausendeurolederjacke in der Lederfabrik erstanden hat, die ich beim Zeh und Peh für dreihundert gesehen hatte – mein Gott, ja, ein Minimal-Malheur.

Mit wem ich meine Kreuzfahrten mache, verschleiere ich mittlerweile grundsätzlich! Einmal haben es meine Bekannten nämlich rausgekriegt, dass ich einen Mittelmeertörn bei Schnaufland gebucht hatte. War die Reaktion katastrophal! Heute suche ich mir immer den Anbieter aus, der eine ähnliche Reise wie meine für das Vielfache anbietet. Dann buche ich bei dem Billigheimer und behaupte, ich wäre mit dem Exklusiven gefahren. Fällt eigentlich nie auf, und die Bewunderung ist einem sicher. Ausnahme letztes Weihnachten. Da haben mein damaliger Mann und ich uns eingeschifft, und wer steht vor uns in der Schnidl-Schlange? Meine Bekannte, die auch immer so tolle Reisen macht. Na, wir haben uns gegenseitig geschworen, dass wir es niemand anderem erzählen. Hat wohl auch geklappt, ich hab bis jetzt nichts gehört.

Noch eins zum Spaß beim Reisen. Bei uns ist es ja trotz allgemein diagnostizierter Klimaerwärmung überwiegend kalt genug, deshalb fahre ich nach wie vor gerne in die Wärme. Das erzähle ich neuerdings aber nicht mehr. Ich bin dazu übergangen, fiktive Reiseziele in der Kälte zu erfinden. Letzten Sommer war ich demnach in Reykjavik, in diesem Frühjahr in Grönland und im Sommer gedenke ich mit dem Postschiff Norwegen und das Nordkap zu erkunden. Ist natürlich alles fake, ich fahre wieder nach Mallorca und lass mir die Sonne auf den Pelz brennen.

Aber das muss ja nun nicht jeder von mir wissen.

Effektiv kommunizieren!

Ihr Telefon klingelt.

„Hallo, Mariechen[8]! Johannes und ich wollten dich und Sepp zu uns nachhause einladen."

„Ja, wann denn?"

Sie haben sich spontan vorgenommen, an besagtem Datum Ihre alte Tante besuchen zu müssen.

„Och, wir fragen erst mal so rum, wer wann kann. Wir sind flexibel."

„Mist", denken Sie, „jetzt gibt's kein Entkommen mehr.

Da hilft es auch nicht, dass Sepp mosert, man hätte das ja wohl verhindern können. In Zeiten des Telefons, nein.

---

[8] Mariechen und Sepp sind fiktive Namen. Wenn Sie anders heißen, wollte ich Ihnen nicht zu nahe treten.

Kommt die Einladung elektronisch oder postalisch, ist der Zwang zum Rede- und Antwort-Stehen aufgehoben. Da heißt es dann, sich zu entfalten.

Sich auf keinen Fall vor dem letzten genannten Datum für Zu- oder Absage melden! Wenn Sie sich endlich herbeilassen, auf die Einladung positiv zu reagieren, versehen Sie die Zusage noch mit einer kleinen Ungewissheit, wie zum Beispiel, „wenn ich mich bis dahin wieder wohl fühle" oder „falls die Preisverleihung an mich unerwartet auf das Datum deiner Einladung fällt, werde ich leider gezwungen sein, im letzten Moment noch abzusagen".

Setzen Sie Ihrer Fantasie keinerlei Grenzen, um Ihr endgültiges Jawort bis zum allerletzten Tag hinauszuzögern. Das stürzt Ihren Gastgeber in Bredouille und führt dazu, dass man Sie endlich so ernst nimmt, wie Sie es verdienen.

Sollte nun der – fälschliche – Eindruck entstanden sein, der Gastgeber sei stets der Gelackmeierte, bedarf dies einer knappen Richtigstellung.

Warum sprechen Menschen Einladungen aus? Natürlich in erster Linie zum Display ihrer Impressionspotentiale, als da wären:

- architektonische Leckerbissen des eigenen Hauses[9], wie Schwimmbad, überdachte Marmorterrasse, verglaster Wintergarten oder Loch im Dach für die hauseigene Sternwarte
- Hausinventar, wie Ehemann oder Ehefrau, Bilder, Designobjekte, Dekorationsgegenstände und vor allem edles Porzellan und Kristallgläser
- Garten, mit gepflegten oder seltenen Pflanzen, englischem Rasen oder bewusst vernachlässigter Insektenwiese, mit hausgemachten Plastiken aus Ytong-Steinen, Gips-Skulpturen, Marmorengeln oder Gartenzwergen
- ausgesuchte eigene Koch- oder Backkünste bzw. den finanziellen Mitteln für einen exklusiven Caterer, einen oder mehrere Service-Köche und Butler oder Serviererinnen.

Ein enormes Aufschneide-Potential hat darüber hinaus die sorgfältige Auswahl der Gäste. In früheren Zeiten wurden Einladungen ja einfach erwidert. Heute hingegen sollte man Leute, die nicht angesagt sind, unter den Tisch fallen lassen.

---

[9] Wohnungen verfügen über etwas andere IPs.

Die verderben einem sonst die Gästeliste, die man aufmerksamkeitsstark in den sozialen Medien online stellen kann.

Für Telefonverwender gibt es bei Einladungen, wie oben beschrieben, einige Schwierigkeiten, in anderen Bereichen jedoch eine Reihe von Entfaltungsstrategien.

- Legen Sie No-Go-Telefonzeiten fest! Frühstücksstörung, Mittagessensstörung, Nachmittagskaffeestörung, Abendessensstörung, Zubettgehenszeit. Zwischen den einzelnen Mahlzeiten lassen Sie einen Korridor von jeweils einer halben Stunde. Wenn tatsächlich ein Anrufer zu Ihnen durchdringt, streuen Sie Bemerkungen ein wie „Eigentlich bin ich nicht sprechbereit, du rufst zur Unzeit an." Ich halte diese Zeitfenster seit einem Jahr ein, kam allerdings ein klein wenig ins Grübeln darüber, als mir zum letzten Geburtstag nur mein Therapeut gratulierte.
- Gehen Sie immer erst beim vierten Läuten ans Telefon! Niemals dürfen Sie den Hörer beim ersten Läuten abheben. Da könnte doch der Eindruck entstehen, man säße nur auf Anrufe wartend am Telefon.
  „Du bist ja gleich am Apparat", ist als Äußerung für das eigene Wichtig-Fühlen vernichtend.

- Rufen Sie niemals eine Nummer zurück! Wer etwas von Ihnen will, hat Sie zwei, notfalls zehn Mal anzurufen. „Mein Gott, dich erreicht man ja schwerer als den Papst zu einer Audienz!", das ist eine Äußerung, die Ihrem Ego schmeicheln wird.

Vor einiger Zeit habe ich mir übrigens ein Smartphone zugelegt. Heute kann niemand mehr auf Tauchstation bleiben, sonst gilt man als *oldfashioned*. Seit einigen Tagen bin ich in der *community.* Und ich lerne schnell! Jede paar Minuten überflute ich Mitmenschen, die so unvorsichtig waren, mir ihre Handynummer auszuliefern, mit Informationen – vorzugsweise natürlich über mich selbst. Ich sorge dafür, dass man mich nicht vergisst.

Bei *facebook* will ich mich jetzt auch anmelden. Dann kann ich mit meinen vielen Freunden angeben. Man muss ja nicht verraten, dass es nur virtuelle sind. Weiß doch niemand.

Instagram habe ich erwogen. Ist aufgrund meines Geburtsdatums aber eher kontraproduktiv.

Twittern – das muss ich wegen der negativen Erfahrungen in den USA noch überlegen.

Sprachpotenzial

Die Sprache bietet zahlreiche Möglichkeiten zur Ich-Marken-Entwicklung.

Angesagte Dialekte verwenden

„Lass dir a Busserl geb'n!"

„Mei, a feins Dirndl, wirkli."

Mit derlei bajuwarisch-weanerischen Sprachschmachtfetzen finden Sie leichter Eingang in die neue Promiwelt der Fußballer, Köche und Friseure.

Pronomen verändern zur Selbstwertsteigerung

„Ja, was will *er* denn, der Gute?"

„Frau Glinke, gib' *(du)* mir mal zwei Vollkornbrötchen!"

Eine Unterform dieser Strategie ist die Benutzung des *pluralis majestatis:*

„*Wir* haben in diesem Jahr einen großen Gewinn verbuchen können", sagt ein Unternehmer – der den ganzen Gewinn später selbst einstreicht – zu seinen Kunden und seiner Belegschaft, obwohl die Mitarbeiter vielleicht durch tolle Leistungen und die Kunden durch überhöhte Preise dazu beigetragen haben.

Man kann über sich selbst statt in der Ich-Form auch in der dritten Person sprechen; allerdings bitte nur den Nachnamen verwenden, sonst landet man in image-vernichtender Babysprache!

„Poirot irrt sich niemals", sagt Hercule Poirot in den Agatha-Christie-Detektivgeschichten. Hört man's zum ersten Mal, ist man irritiert – hört man's öfter, prägt es sich als Markenzeichen ein.

„Der" oder „die" hinzugefügt – das verstärkt noch die Wirkung. Der Wendler!

Fremdsprachliche Füllsel auswendig lernen, sinngemäß oder zur Verwirrung und/oder Blamage Ihres Gegenübers einsetzen:

„ Mon dieu, du hast deinen Schal verloren!"

"Oh no, it's raining cats and dogs."

„Essen Sie lieber das Parvenü oder das Soufflé?"

Name dropping

Ich schmücke meine Sätze gerne mit Dichtern und Denkern.

Deren Namen flechte ich regelmäßig in meinen Redefluss ein, rufe sie zu Zeugen für meine Äußerungen und Bildung auf.

„Schopenhauer hat gesagt …"

Noch irgendein passendes Zitat, fertig! Klappt, wenn der Gesprächspartner ahnungslos ist. Kann aber auch nach hinten losgehen. Wenn man auf einen Experten trifft, setzt man sich mit seinem Halbwissen ganz schön in die Nesseln. Der *Brennnesselfaktor* rangiert auf einer Skala von 1 bis 6, von ein bisschen peinlich bis zum ultimativen Fiasko.

Ist *kreativer Sprachgebrauch* eine effektive Methode, um Aufmerksamkeit für die Ich-Marke zu generieren? In neuerer Zeit hat vor allem das Weglassen von Vokalen und Konsonanten am Wortende Bedeutung erlangt.

Aus dem Hessischen kennen wir es ja schon: „Wo is dann mei Jack?", überrascht in den Gefilden um Frankfurt herum niemanden. Nun aber breitet sich diese einfallsreiche Sprachverwendung auch in der Standardsprache flächendeckend aus.

„Ich danke Herr Krutz für die immer angenehme Kooperation."

(dpa/7.1.2019)

„Der Besitzer des Unglücksbetrieb wurde festgenommen."

(Sonntagmorgenmagazin/3.2.2019)

„Am Donnerstag hat eine 65-jährige Frau aus Grünberg einer 19-jährige Fahrschülerin in der Londorfer Straße die Vorfahrt genommen."

Mit Sprache kann man auch *umfängliche Gedankengebäude errichten*.

Spitze oder böse Zungen unken dann gerne Wolkenkuckucksheim oder Utopie, wenn sie noch können. Einigen dieser Erbauer ist es gelungen, ganze Generationen mächtig zu beeindrucken.

Einen Titel erwerben

Frederic von Anhalt hat es vorgemacht. Von eher bescheidenem Herkommen, hat er sich vor Jahrzehnten in ein altehrwürdiges deutsches Adelsgeschlecht eingekauft. Wenn man seinem Titelhändler, dem schönen Konsul Weyer, Glauben schenken darf, hat er am Ende sogar das Bezahlen vergessen. In Amerika dann der Aufstieg in höchste Kreise und die Heirat mit einer ehemals wunderschönen, sinnvollerweise reichen und vor allem erheblich älteren Frau. In vielen Adelsgeschlechtern gibt es Verarmte, die kein Problem damit haben, gegen Geld eine krummbucklige Verwandtschaft zu ertragen.

Aufsteigen und die Ich-Marke befördern kann man auch mit einem *akademischen Titel*.

Es soll Möglichkeiten geben, *Doktorarbeiten und Habilitationsschriften zu kaufen*. Das ist aber illegal und wird strafrechtlich verfolgt, wenn man erwischt wird.

Eine Reihe Leute sind in den letzten Jahren mit *abgeschriebenen Doktorarbeiten oder Habilitationsschriften* aufgeflogen. In Ihrer Schrift würde ein spezielles Suchprogramm sehr bald die Stellen finden, wo Sie abgeguckt und abgekupfert haben. Ein zurückgegebener Titel ist für die Ich-Marke eher schädlich, dazu sollten Sie es nicht kommen lassen. Denken Sie an den gutaussehenden Freiherrn!

Wenn Sie einige Spezis haben, die Ihnen zu einer *Ehrendoktorwürde* verhelfen könnten – vielleicht sind Sie und die so schlau, es zu bewerkstelligen. Dass hinter Ihrem Titel noch ein h.c. – honoris causa, um der Ehre willen – vermerkt ist, wird kaum jemand wahrnehmen.

Was nicht ganz so viele Schwierigkeiten macht, ist die Ernennung zum *Botschafter irgendeines Landes*, ganz weit weg von uns. Da wird man als *Exzellenz* angesprochen, das kommt gut.

In einigen Unternehmen kann man relativ problemlos *manager* oder *president* oder *vice president* werden, auch wenn man nur einen einzigen Praktikanten und zwei studentische Aushilfskräfte als Untergebene hat und zum Beispiel Kartoffel- oder Fleischprodukte verkauft. Das sieht nach außen toll aus, nur Insider schauen hinter die Kulissen und wissen, dass Sie für die Titelverleihung auf tausend pro Monat verzichtet haben. Wenn Ihnen sonst nichts einfällt, könnten Sie nach einer solchen Position Ausschau halten und dann sehr bald wieder kündigen. Dann setzen Sie *former* vor den Titel auf Ihrer Visitenkarte.

So genau guckt heute keiner mehr.

Ein Buch schreiben?

Ein Buch schreiben ist nur bedingt eine Strategie fürs Wichtig-Fühlen.

Sie muntern sich natürlich erheblich auf, wenn Sie beim Damenkränzchen oder intellektuellen Herrenabend, so ganz nebenbei „Ich schreibe momentan an meinem ersten Liebesroman" oder „Ich sitze gerade über meinem ersten historischen Roman", fallen lassen können. Damit ist der Zweck der ganzen Schreiberei meistens schon erreicht.

Kurzprosa böte sich auch an. Wer hört nicht gern Geschichten? Von der Nachbarin, die ihren Mann betrügt. Oder dem alten Knacker, der seine Frau verlassen und sich eine Zwanzigjährige genommen hat.

Einen beachtlichen Effekt, vor allem bei sich selbst, aber auch bei Freunden, Bekannten und sogar Fremden, erreicht man durch Schreiben eines Lyrikbandes. Da nur etwa zweitausend Menschen in Deutschland bereit sind, für Lyrik Geld auszugeben, muss dieses Buch selbstverständlich in einem Dienstleistungsverlag herauskommen. Was das ist, wissen jedoch nur Eingeweihte. Wenn man es dann noch schafft, in der Nachbarschaft, zum Beispiel im Tante-Emma-Laden um die Ecke, eine Lesung zu organisieren, da hat man für das angestrebte Gefühl schon viel erreicht.

Von Sach- oder gar Fachbüchern sollte man die Finger lassen. Da geht's um Fakten, Gott bewahre! Das kostet richtig Zeit und Arbeit, sich die einzubimsen. Und dann schalten noch irgendwelche Leute wieder irgendeine Software an und überprüfen die Aussagen. Also, ich kann darauf verzichten. Und die Leser von Fach- und Sachbüchern kennt man nicht persönlich, man kann nicht mit ihnen über das tolle Buch reden, da hat man sowieso nichts davon.

Was bei der ganzen Schreiberei zunehmend zum Problem wird, ist die Zahl der Leser. Da die Nachfrage nach Büchern sich immer weiter reduziert und Sie infolgedessen von einem Buch, das Sie geschrieben haben, umständehalber nur zwei Exemplare absetzen, eins für Ihre Oma und eins für Freund oder Freundin, da halten sich Ruhm und Beifall in Grenzen.

Lösung: Sorgen Sie dafür, dass Ihre Umsätze nicht bekannt werden. Wenn Sie Ihren Mitmenschen weismachen können, Sie seien ein gefeierter Schreib-Titan, ist für die Ich-Marke trotzdem alles gewonnen.

Auf meinem Autorenportal erhielt ich vor einiger Zeit eine Online-Warnung. Auf keinen Fall mehr sollten Schriftsteller eintrittsfreie Lesungen einschließlich kostenloser Snacks und Drinks anbieten. Es war in Daddeldorf in Norddeutschland zu einem höchst unliebsamen Zwischenfall gekommen.

Teilnehmer einer Inklusiv-Autorenlesung hatten den Event mit einer Einladung zur kostenfreien Speisung verwechselt. Es hatte sich lautstarker Protest erhoben, als der Autor mit seiner Performance begonnen hatte. Auch die Erläuterungen des Veranstalters hatten die Aufgebrachten nicht beruhigen können. Was nix kostet, is eben nix!

Ob der alternative Lösungsansatz von dem lokal-bekannten Schriftsteller Bastian Bange für die Autorenselbstbewusstseins-zerstörende und Verlags-vernichtende Bücherverkaufs-Misere anzuraten ist?

Entscheiden Sie selbst!

Im Literarischen Salon
oder **Ham Se mal en Euro?**

Zu Bastian Banges Lesung waren vierundzwanzig Leute erschienen. Auf den bequem gepolsterten Stühlen im geschmackvollen Studio der Salondame, Bastians bester Freundin, einer Kunstmäzenin von einigem Ruf, saßen sie.

Den vorgetragenen Erzählungen und humorigen Zwischentexten, seinen selbst komponierten und erstmals öffentlich vorgetragenen Musikstücken hatten sie andächtig gelauscht. Zwölf gemeinschaftliche Lacher der Zuhörer konnte Bastian im ersten Teil der Lesung zählen.

In der Pause allerdings beschlich ihn ein mulmiges Gefühl. Die schweigende Mehrheit verschwand augenblicklich in einen Nebenraum, um dort Wein, Whisky oder Brezeln zu kaufen.

Die auf einer Kommode aufgebahrten Bücher würdigte niemand auch nur eines Blickes.

Stattdessen quatschten ihn zwei ältere Herren und eine betagte Dame an.

Letztere berichtete von ihrer fast vollendeten Autobiografie, die sie nächstens den großen Verlagen anbieten wolle. Sie habe bereits positive und ermutigende Rückmeldungen erhalten. Diese seien allerdings bei der Bedeutung ihrer selbst in der Zeitgeschichte durchaus nicht verwunderlich.

Einer der Herren schaltete sich ein.

Das gleiche treffe auch auf ihn zu. Das mit der Bedeutung und der Zeitgeschichte.

Die vergangenen sechs Jahrzehnte seines Lebens beabsichtige er aus seiner individuellen, aber eben durchaus allgemein-bedeutsamen Perspektive in Form eines autobiographischen Romans dem Publikum ins Gedächtnis zu rufen beziehungsweise vor Augen zu führen.

Der zweite ältere Herr fuhr sich nach diesen Ausführungen mit seiner Hand und einem darin befindlichen Taschentuch mehrfach über die Stirn, schnupfte sich anschließend lautstark und schlurfte stumm zu seinem Platz zurück.

Die Kunstmäzenin schlug die Glocke. Die Pause war vorüber.

Kurz gefasst war Teil zwei dann wie folgt abgelaufen:

Bastian hatte eine satirisch-komödiantische Erzählung zum Besten gegeben, die insgesamt acht gemeinschaftlich vorgetragene Lacher zeitigte. Für die Überleitungen waren es zehn an der Zahl, summa summarum achtzehn Lacher. Für die abschließende Komposition blieben sowohl die Bravo-Rufe als auch die Forderungen nach einer Zugabe aus. Die Lesung war beendet.

Danach war es ausnehmend peinlich geworden. Für den Künstler, aber offensichtlich auch für die Zuhörer selbst. Die wenig Genierlichen verdrückten sich zwar ohne Gruß und Kauf schnellstens durch die Tür. Die anderen Lesungsteilnehmer aber rutschten ungemütlich auf den Stühlen herum. Dennoch wollten sie dem Zweck dieser Buch-Tupper-Party einfach nicht entsprechen, als da wäre, ein Buch zu kaufen.

Nicht, dass Bastian an seinen Büchern viel verdient hätte. 0,98 Euro – das war seine Marge pro Buch. Er hatte wegen der Preisreagibilität des Buchmarktes den Buchpreis so niedrig wie möglich halten wollen. Schien aber zumindest an besagtem Abend nichts zu nützen.

Nach zahlreichen bewundernden Fragen zu seinem Autorendasein, vielfältigen Hinweisen, dass man bereits Bücher besitze und eigentlich nicht so gerne lese, verabschiedete sich auch der letzte Lesungsteilnehmer, davon viele mit Handschlag. Als einziges Opfer für sein Produkt blieb die Kunstmäzenin, seine beste Freundin, übrig. Und die kaufte dann auch ein Buch, obwohl Bastian ahnte, dass sie längst eins besaß.

„Eine wunderbare Lesung", sagte sie zum Abschied. „Hast du gemerkt, wie prächtig sich alle amüsiert haben? So viele Lacher, das habe ich im Literarischen Salon lange nicht erlebt", ergänzte sie.

Ja klar, dachte Bastian. Ein kostenloser Clown, der sich vorne zwei Stunden zum Affen macht. Da lacht jeder gern.

„Ade, Traudl", sagte er, „war wirklich ein schöner Abend."

Beladen mit seiner Gitarre, dem Notenständer und einigen Notenblättern wandte er sich zur Treppe.

„Wo hast du denn dein Auto stehen, soll ich dir beim Tragen helfen?"

„Ganz in der Nähe, Schatz."

Umarmung, Küsschen. Die Tür schloss sich und Bastian stand in der Kälte. Und ab jetzt war alles gar nicht mehr lustig. Hunger? Ein bisschen. Er hatte sich so intensiv um die Gäste bemüht, sich so angestrengt, dass er nicht zum Essen gekommen war. Aber – einen Kühlschrank mit etwas Nahrhaftem darin, den besaß er schon. Musste nicht so einen schrecklichen Hunger leiden wie der Poet in Hamsuns gleichnamigem „Hunger"-Buch, das er gerade las. Der hatte in seinen Hungerwahnphantasien seine eigenen Finger angefressen. Und war trotzdem zu stolz gewesen, Almosen anzunehmen. Was Bastian allerdings inzwischen fehlte, war ein Auto. Wegen der Schriftstellerei arbeitete er nur noch Teilzeit. Mit der Gitarre in der Rechten und dem Notenständer in der Linken machte er sich auf den Weg.

Nach einer guten Viertelstunde war er im Zentrum – ein großes Wort für den Marktplatz einer Kleinstadt – angelangt. Die Leute saßen noch draußen vor den Lokalen, lachten, tranken, waren fröhlich.

Im Suff sitzt das Geld lockerer, dachte Bastian. Da brauchst du nicht zwei Stunden für 0,98 Euro arbeiten. Ein Stundenlohn von 0,49 Euro ist einfach demütigend, Schriftstellerei hin oder her.

Er packte seine Gitarre aus, stellte sich vor die erste Kneipe am Marktplatz und begann zu klampfen. Die Leute redeten weiter, lachten, aber der eine oder andere blickte schon zu ihm hin. Ob irgendwelche Bekannten hier saßen und ihn erkennen würden? Wahrscheinlich nicht, es war ja schon dämmrig. Noch eine Weile würde er weiter spielen. Und dazu singen. Die Leute schauten jetzt aufmerksamer. Nicht unbedingt alle erfreut, manche eher gestört. Aber der Musik entkommen, das konnten sie nicht. Bei seinen Lesungen musste Bastian vorher immer wie ein Wilder trommeln, um ein paar Leute mit dem Lasso einzufangen. Und selbst, wenn sich einige zu ihm verirrt hatten, hatten sie neben ihrer übergroßen Besonnenheit bei Buchinvestitionen die größte Angst davor, ihre Zeit für die Lektüre verplanen zu müssen. Nur das nicht, sich durch Geld-Ausgeben festlegen lassen, dass man lesen muss!

Hier fielen ihm die Zuhörer in den Schoß wie gebratene Würste im Schlaraffenland. Sowohl Erfreute als auch Gestörte würde er mit seinem spontan ersonnenen Geschäftsmodell zur Kasse bitten. Die Erfreuten würden ihn für die schöne Musik belohnen, die Gestörten sich Schutzgeld vor weiterer Belästigung abpressen lassen.

Bastian klampfte noch ein paar Mal laut und heftig, dann nahm er die Gitarre in die linke Hand und ging im Lokal herum.

„Ham Se mal en Euro?"

Nach sechs Minuten und ein paar gequetschten Sekunden hatte er achtzehn Euro in der Hand, mehrere Schulterklopfer, lobende beziehungsweise erleichterte Dankesbezeigungen erhalten, einen Stundenlohn von einhundertachtzig Euro realisiert. Alles in allem ein voller Erfolg!

Überall blickte er in fröhliche Mienen.

„War mal eine schöne Abwechslung, die Musik."

„Jetzt hat er Gottseidank aufgehört."

Das las er in den Gesichtern.

„Schön, vor allem schön kurz", sagte die Wirtin beim Abschied in Bastians Richtung.

„Ich schreibe auch Bücher. Wollen Sie mein Buch kaufen?"

„Nein, nein, danke. Ich habe schon ein Buch.
Hier – hamSen Euro!"

Künstler werden

...ist nicht schwer, Künstler sein dagegen sehr.

Dass Sie sich vornehmen, ein *wahrer Künstler* zu sein – dazu kann man kaum raten. Das wäre viel zu anstrengend. Die meisten echten Künstler haben viel gelernt und können etwas gut. Auch die Sensibilität, die Wahrheitssuche, der Weltschmerz, der die meisten wahren Künstler auszeichnet – den kann man sich weiß Gott nicht wünschen.

Deklarieren Sie stattdessen einfach alles, was Sie tun, als Kunst[10]. Es hat zahlreiche Kunsttheoretiker mit diesem Ansatz gegeben. Sie haben dabei viele Gesinnungsgenossen. Haarschneider, und Karottenschnippler, Dekorationsmeister und neue wilde Maler. Und nicht zu vergessen diejenigen, die sich mit einem umgeworfenen Schal Espresso-trinkend ins Kaffeehaus setzen, einen Notizblock vor sich, auf den sie Worte kritzeln – die schreibenden Künstlerdarsteller.

Waren sie in früheren Zeiten Vagabunden, lose Gesellen, so gelten Künstler heute viel. Allerdings zahlt sich dies nicht in viel barer Münze, sondern nur in schönen Worten aus, für die man

---

[10] Bei einer von Beuys' Fettecken soll die Frage der Putzfrau „Ist das Kunst oder kann das weg?" gelautet haben.

sich bekanntlich nichts kaufen kann. Deshalb darf man auch kein wahrer Künstler werden, das sind oft nur arme Hunde. Nein, man legt sich nur die Attitüde des Künstlers zu.
Man künstelt, wird ein Künsteler!

Wer sich zum Beispiel nach der Pensionierung langweilt, könnte es mit Schriftsteller, Bildhauer, Maler oder Fotograf versuchen. Wer als Germanist, Philosoph, Soziologe oder Politologe auf Arbeitssuche ist, kann eine Intermezzo-Zeit nach dem Studium ebenfalls so deklarieren, bis er eine Stelle als Taxifahrer gefunden hat.

Die Lobreden, die Wertschätzung Ihrer Meinung, das wird Ihr angestrebtes Gefühl von Wichtigkeit befördern, ohne ein Loch in Ihren Säckel zu reißen.

Charity

Sind Sie – natürlich nur beim Arzt- oder Friseurbesuch ... – ein Yellow Press-Leser? Dann kennen Sie sie, die Society-Damen, die sich mit Wohltätigkeit einen Namen gemacht haben.

Nicht selten haben deren Vorfahren in vergangenen Tagen vielen verschiedenen Leuten Geld abgeknöpft. Die Enkel und Urenkel sitzen dann auf solchermaßen erworbenen Pfeffersäcken, öffnen ihn ein Stück und streuen ein paar Geschenke unter die Leute. Dabei fühlen sie sich gut, denn der Wohltäter ist der Überlegene, nicht?

Vielleicht denken die mit Wohltaten Bedachten aber nach sehr kurzer Zeit anders darüber:

„Ich soll der Almosenempfänger bleiben? Och nö!"

„Ich hab's doch nur gut gemeint", sagte unlängst meine Freundin Lieselotte zu mir. Ich schaute ihr nach dieser Eröffnung tief in die Augen. Lieselotte hat nämlich immer, wenn sie von ihren guten Taten berichtet, zwei Tränen im Augenwinkel. Mein Verdacht ist allerdings, dass nicht der Gram über das Schicksal der von ihr Beschenkten oder Bedachten, sondern die Rührung über sich selbst ihr das Wasser in die Augen treibt.

Sie hatte, berichtete sie, einem Herrn, der an der Haustür wegen eines Unfalls an der nächsten Straßenecke um kurzzeitiges Obdach und ein Glas Wasser gebeten hatte, Einlass ins Haus gewährt. Dieser Herr hinwiederum hatte ihr mit dem Kaminbesteck aus dem Wohnzimmer sogleich zwei über den Schädel gezogen, wie sie später erfuhr, noch drei weitere Kollegen eingelassen und die ganze Wohnung ausgeraubt.

Ja – Lieselotte, gut gemeint ist eben noch nicht gut gemacht! Auch erfolgreich-sinnvolle Charity will gelernt sein.

Fans, Herolde, Vitamin B

Für glaubwürdige Wichtigkeit braucht man Zeugen! Zuerst einmal für sich selbst. Hat man wenigstens einige, die bestätigen oder schleimen, wie toll man ist, fühlt man mehr Bedeutung als solche Dödelchen wie die bereits erwähnte Ilsebill. Noch wichtiger sind Zeugen aber wegen ihrer Außenwirkung für meine Ich-Marke. Wenn Sie also trotz eines Giganten-Egos Bekannte oder gar Freunde haben, die Ihnen wohlwollend gesonnen sind, legen Sie sich einen *Fanclub* zu.

Tauchen Sie zu jeder Gelegenheit nur in ausreichender Begleitung auf. Jede Kritik an Ihrer Person wird durch die zahlenmäßige Übermacht sofort im Keim erstickt.

Auch einen Stamm von Herolden sollten Sie sich zulegen!

Herolde fungieren genau wie in historischer Vorzeit: Sie posaunen etwas heraus. In Ihrem Falle Ihre überragenden Fähigkeiten und Ihre Bedeutung für die Menschheitsgeschichte. Für das Heroldsmarketing den in früheren Zeiten viel verwendeten Spruch

„Und willst du nicht mein Herold sein,
so schlag ich dir den Schädel ein"

zu verwenden, ist nicht mehr zu empfehlen.

Ist der Herold selbst ein wichtiges Mitglied der Gesellschaft – umso besser. Er wird Sie bitten, im Gegenzug sein Herold zu sein, wenn Sie's zu etwas gebracht haben. Solcherlei Seilschaften können Sie in Ihrem segensreichen Wirken für die einzelnen Mitglieder jeden Tag im Fernsehen und in der Presse beobachten.

- Autor *w* hat in seinem neuen Buch mit dem Titel *abc* von dem im vorigen Monat erschienen Buch mit dem Titel *def* von Autor *x* profitiert.
- Schauspielerin *y* hat Schauspielerin *z* schon immer bewundert und unendlich viel von ihr gelernt.
- Ein ellenlanger Fernsehbericht darüber, dass Sängerin *a nicht* den Namen ihres erfolgreichen Fernsehvaters benutzt ... Ach was!

Die Reihe lässt sich beliebig fortsetzen.

Eine Unterform des Herold-Systems ist der Einsatz des *Vitamin-B-Faktors*. Allerdings verläuft hier die Unterstützung Ihrer Ich-Marke im Geheimen, nicht öffentlich, ohne Getöse und Posaune.

Wen hamSen da?

Das Gemauschel in Vitamin-B-Systemen ermöglicht Ihnen die *Besetzung allerhöchster Positionen ohne entsprechende Eignung*[11], was für Ihr Ich-Gefühl wie ein Katalysator wirkt.

Simulieren Sie!

Angst vor des Kaisers neuen Kleidern? Der hat ja gar nichts an? Keine Sorge – avanti dilettanti!

---

[11] auch als `Bock-zum-Gärtner-Prinzip` bekannt

Sie müssen nicht kompetent oder gar gebildet sein, es reicht, wenn Sie simulieren. Vermitteln Sie *Ihrem Gegenüber* ein *Gefühl Ihrer Bildung und Kompetenz* und, was ebenso wichtig ist, erzeugen Sie *dieses Gefühl auch bei sich selbst*.

Bildung an sich
Ist hinderlich.
Kennst du der großen
Geister Gedanken
Empfindest du
die eignen Schranken.

Man belaste sich nicht mit dem Durchdringen der Antike, des Humanismus, der klassischen Denker und dem bisschen Entwicklung seitdem! Ohne Ahnung findet man alle paar Tage ein neues Ei des Kolumbus!

Zum Ausweis einer nicht existenten Bildung

- lernt man ausgewählte Zitate großer Geister für wichtige Lebenslagen auswendig
- gerne auch fremdsprachliche, das erhöht den Effekt
- benutzt prinzipiell fremdsprachliche Begriffe für Essen und Trinken: sommelier, creme brulèe, High Tea und Sunday Roast…

- Auch auf besondere Ereignisse ist man gerüstet. Wollen Sie zum Beispiel an einer Stadt-, Kunst-, Museums- oder Architektur-Führung teilnehmen, ist es unverzichtbar, sich vorher im Internet schlau zu lesen. Flicken Sie an geeigneten Stellen Wissens-Fetzen ein, wie zum Beispiel:
„Diese Hausfront entspricht mehr dem späten Gaudi."
„Die rosa Phase bei Picasso ist mir die liebste."
„Dieser eklektizistische Stil sagt mir eher nicht zu."

Ganz generell ist es günstig, sehr kritisch bei allen Aussagen zu bleiben, auch dann, wenn man ausnahmsweise total begeistert ist. Wer Positives äußert, wird als anspruchslos oder als anspruchsloser armer Aufsteiger betrachtet – und das sollten Sie vermeiden. Bleiben Sie durchgängig negativ!

Bei allen Diskussionen über Bildungsinhalte können Sie getrost davon ausgehen, dass niemand etwas genau weiß. Äußern Sie sich deshalb zu allem und jedem, niemand wird Ihnen etwas widerlegen können. Je mehr Sie sagen, für umso schlauer und gebildeter wird man Sie halten. Sie punkten – und wenn Ihre Gesprächspartner zuhause angekommen sind, haben sie die meisten diskutierten Inhalte ohnehin wieder vergessen und man kann Ihnen keine Aufschneiderei nachweisen. Nutzen Sie also Ihre Chance!

Übersehen Sie jedoch bei aller Inhaltsklauberei nicht, dass es auf die Darstellung ankommt. Wenn Sie abends Nachrichten schauen, achten Sie auf die Frisur und den Blazer der Moderatorin oder hören Sie auf den Inhalt?

Vergessen Sie demgemäß nicht, dass das ganze Gequatsche von einem adäquaten Styling begleitet sein muss, wenn Sie Eindruck schinden wollen.

Dazu mehr in den anderen Kapiteln.

Kommunikationspolitik

Was nützen all die Anstrengungen, wenn niemand etwas davon mitbekommt?

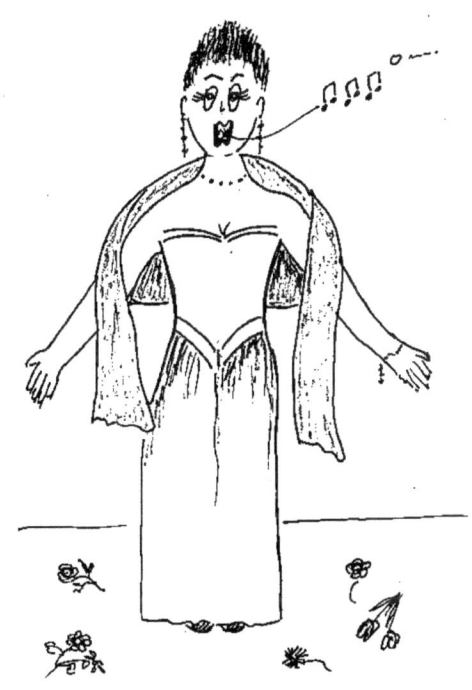

Sie können singen wie die Callas, aber nur Hund und Badewanne haben Kenntnis davon?

Sie haben die wunderbarsten Liebesgedichte geschrieben, doch die schlummern unbeachtet in der Schublade?

Sie sind gutaussehend wie Cary Grant, arbeiten aber als rußverschmierter Schornsteinfeger?

Die erste Maßnahme beim Ich-Marketing muss demgemäß der Schritt sein, aus dem privaten Menschen, der im Verborgenen verblüht, einen öffentlichen Menschen zu machen. Dazu bedarf es in dieser Phase der *Markteinführung* einer planvollen *Kampagne.*

Man lässt sich ab sofort überall, wo auch nur im entferntesten sinnvoll, sehen. Am besten in einem aufmerksamkeitsstarken Outfit, unter Benutzung der oben erwähnten Dialektik. Besonders teuer, besonders billig angezogen, sorgfältiges oder nachlässiges Make-up, in zurückhaltend-nachdrücklichem oder laut-forderndem Habitus. Das Verhalten muss allerdings konsistent sein und sich am erstrebten Markenbild orientieren. Entscheiden Sie sich also vorher für die schrille oder die vornehme Variante. Schützenhilfe bei der Bekanntmachung der eigenen Person leisten *Auspackinterviews*.

Dass Helmut Schmidt seiner Loki nicht immer treu war, dass Jenny Elvers gerne und viel Alkohol getrunken hat, dass Robbie Williams mit sehr unterschiedlichen und vor allem vielen Damen

Sex hatte, das interessiert uns – und das nicht nur bei Promis.

Gut eignet sich bei älteren und alten Ich-Vermarktern auch die Philosophie.

Nicht Kant, Hegel oder Habermas natürlich, sondern Küchenphilosophisches, Blicke zurück aufs eigene Leben und dann die Einordnung:

„Es zählt doch nur die Familie", sagt der Frauenheld oder die Breitband-Muse nach zwei Dritteln ihres Lebens, wenn sie fünf Minuten vor zwölf noch ein Kind produziert oder in die Welt gesetzt haben.

„Wer früher nichts ausgelassen hat, kann am Ende tugendhaft sein."

Und so weiter.

Genau wie bei einem Produkt, das konsumiert werden soll, müssen wir in unserem Ich-Marketing-Mix

- über uns informieren und für uns werben[12], unserer Zielgruppe den Mehrwert verdeutlichen, den wir darstellen
- durch eine ausgeklügelte Public Relations-Story eine Nachfrage nach uns wecken, auch wenn diese faktisch nicht vorhanden ist

---

[12] Der Gestank von Eigenlob ist mittlerweile verduftet.

- die Aufmerksamkeit durch nicht erlahmende Aktivitäten so lange wie möglich konstant halten.

Dazu bedienen wir uns unterschiedlicher Kanäle

- der bereits erwähnten schlagkräftigen Begleitgruppe aus Fans, Herolden und Spezis
- von sozialen Netzwerken
- von Printmedien, Fernsehen, Radio.
- Postwurfsendungen und bundesweite Plakataktionen kann man erwägen; eine Simulation der Wirkungen und eine daraus abgeleitete Prognose unter Berücksichtigung des Brennnesselfaktors sollte vorher angestellt werden.

PR-Stories

Zur Beförderung unserer Ich-Marke bedürfen wir eines *Narrativs* (aus dem Lateinischen, von *narrare,* erzählen). Mit *Narr* hat es nichts zu tun.

Um unsere Persönlichkeit ins rechte, erfolgversprechende Licht zu rücken, erfinden wir eine Erzählung, die den Konsumenten unserer Ich-Marke eine Orientierung bietet und sinnstiftend wirkt.

Ein Angler geht zum Fischen. Trotz größter Mühe und frühzeitigstem Aufstehen beißen die Biester nicht. Ausbeute nach drei Stunden: zwei Jungfischrekruten, zwei Zentimeter lang. Aus den zwei Zentimetern werden im Laufe des Heimwegs zwanzig Zentimeter, ein rasanter Gewichtsanstieg stellt sich ein, die Zahl der Fische steigt im Handumdrehen exponentiell auf sechzehn. Zuhause angekommen, ist der Angler zum erfolgreichen Anglerhelden mutiert. Anglerlatein.

So ähnlich müssen wir unsere eigene PR-Story handhaben.

Ein wahrer Kern bildet das Fundament. Wir wollen ja auf Nachfrage nicht lügen müssen, das Ganze muss möglichst authentisch wirken. Wir wollen nicht *nur*, sondern *nur ein bisschen* schwindeln. Dann allerdings geht es ans Ausschmücken. Erfolgreicher, klüger, schöner! Bitte kein schlechtes Gewissen dabei: Jeder hört gern eine attraktiv erzählte Story.

Man kann es sofort mit der *großen Geschichte* versuchen, dem Mythos um uns selbst: Am Anfang erschallt(e) der *Ruf*. Nachdem wir uns standhaft ein bisschen geweigert haben/hatten, ihm zu folgen, mach(t)en wir uns auf unsere *Heldenreise,* die uns über kleine und große *Hindernisse* endgültig *zum Sieg führt(e)*. Erfolgversprechend scheinen aber auch die *kleinen Stories*, die wir peu á peu lancieren, um unsere große Geschichte zusammenzusetzen. Klein anfangen, groß aufhören – eine attraktive Reihenfolge! Inhaltlich konzentrieren wir uns auf die folgenden Punkte:

Wer wir sind.

Was wir wollen.

Woher wir kommen. Unter diesem Stichwort geben wir Informationen über unseren Hergang, unsere Wurzeln. Wer als Fundraiser sich einen Namen würde machen wollen, könnte zum Beispiel eine Waisenkind- oder eine Schwere-Jugend-Geschichte auftischen.

Wie wir handeln werden. Wir präsentieren unseren Konsumenten den Mehrwert, den Sie durch uns erlangen werden; von blühenden Landschaften bis Weltverbesserung ist alles möglich.

Lesen Sie im Folgenden die Vorüberlegungen zu drei zu verfassenden PR-Stories. Ähnlichkeiten mit lebenden oder toten Personen sind rein zufällig.

Der Schauspieler Bob B.
Bob hat seine beste Zeit hinter sich. Er ist zweiundsechzig, der seit Jahren absinkende Testosteronspiegel hat zu einem Verlust des früher allseits bewunderten Waschbrettbauches sowie einem Anwachsen von Fettzellen an Wange und Taille geführt. Das ehemals gelockte Haar hat seine Fülle verloren, kahle Stellen lassen den Blick auf den breiten Schädel frei. Im Rollenfach war Bob auf den jugendlichen Liebhaber, später auf den etwas angejahrten Charmeur festgelegt. Durch besonders viel Grips ist er bisher nicht aufgefallen.

Heute Morgen sitzt Bob bei seinem Agenten. Es ist höchste Zeit, sich den Kopf zu zerbrechen, denn nicht nur Bobs private, sondern auch seine berufliche Zukunft steht auf dem Spiel. Alle finanziellen Reserven sind aufgebraucht, Bob ist pleite.

Der Agent schlägt folgende PR-Strategie vor:

Aus dem skrupellosen, aber gutaussehenden Herzensbrecher muss ein betrogener Betrüger werden, damit der Gerechtigkeit Genüge getan wird. Die Inszenierung muss am Ende jedoch mit dem Mitleid für den gestrauchelten Helden enden, so dass der Neuaufbau erfolgen kann.

Zunächst schlägt die Frauenwelt zurück! Die Mutter eines von ihm gezeugten Kindes, bei dem er nun gerne die verspätete Vaterrolle übernehmen möchte, gewährt ihm keinen Zugang zu seinem eigen Fleisch und Blut! Seine aktuelle Freundin verlässt ihn, um mit einem Jüngeren auf und davon zu gehen. Die Geschichte seines eigenen Vaters, der ihm als gewissenloser Frauenheld ein schlechtes Vorbild geliefert hat, wird verbreitet.

Damit die Medien diese Themen aufgreifen, sind allerdings vorher einige Skandälchen loszulassen. Der Agent bittet um Bedenkzeit, bis er das Adäquate zurechtgelegt haben wird.

Welches Rollenfach Bob danach belegen soll, davon hat der Agent noch keine Ahnung. Er hofft auf spontane Eingebungen.

Die Schriftstellerin Marie K.

Wie von Ihnen, werter Leser, vermutet, sind PR-Stories zwar immer, aber besonders dann vonnöten, wenn's nicht (mehr) so richtig rundläuft. Marie hat schon bessere Zeiten gesehen. Ihre Art zu schreiben, ihre Themen und vor allem ihre Persönlichkeit sind aufgrund mächtig fortgeschrittenen Alters aus der Mode gekommen. Aufgeben und sich zurückziehen? Geht nicht, denn selbst Bestsellerautoren leben oft am Existenzminimum; hat man zwei Publikumslieblinge gelandet, muss man bis ans Ende seiner Tage davon leben. Wenn die Tantiemen stocken, weil auch der Verkaufsschlager ein garantiertes Verfallsdatum hat, sieht's im Portemonnaie trübe aus. Maries Agent hat eine Idee, die der Autorin aber große Kopfschmerzen bereitet.

„Da hilft nur noch Sex, Marie. Sex sells. Und wenn du jetzt von deinem E-Olymp[13] heruntersteigst, wirst du bei richtiger PR-Arbeit ganz andere Leserschichten erschließen können."

Er hat auch schon einen Kandidaten präsentiert: einen Germanistik-Studenten, der für tausend Euro alles faken würde.

Aber Frau K. ist unentschieden.

---

[13] **E**rnste Literatur – **U**nterhaltungsliteratur

Homo grandis

… der wichtige Mensch, eine neue Unterart des *Ichlings*: cool und tough, anstrengend, geheimnisvoll und schön extrem …

Cool und tough

Dass der unbewegte Mann, die eiskalte Frau besser mit dem Leben zurechtkommen – neu ist diese Überzeugung nicht.

Schürzenbengel, Memme, Heulsuse – die Worte aus der Vergangenheit signalisieren, dass schon in früheren Zeiten die Lieben, Netten, Weichen etwas auszuhalten hatten. Heute nennt man diese Menschen „Opfer".

Und wer will schon zu den Opfern gehören? Der neue *Mensch ohne Opferqualität* ist

- *leidenschaftslos*, ihn interessiert nichts
- *gefühllos*, ihn verletzt nichts
- *unerschütterlich*, ihn bewegt nichts
- *undurchschaubar*, er lässt sich nicht in die Karten sehen
- *unberechenbar*, er handelt spontan, unvorhergesehen
- *begeisterungsunfähig*, er lässt sich durch niemanden und nichts beeindrucken
- *sekundärtugendfrei*, er hat es nicht nötig zu gefallen oder sich anzupassen.

Sie fänden solche Zeitgenossen irgendwie unsympathisch, pathologisch?

Das ist Zufall und hat wirklich rein gar nichts zu bedeuten.

Anstrengend

Herr Karl Heinz aus Frankfurt-Sossenheim fühlte sich am vorigen Sonntagabend, nachdem wir einige Schoppen Apfelwein in einer Sachsenhäuser Bembelwirtschaft zusammen genossen hatten, verpflichtet, mich über einen ihm wichtig erscheinenden Sachverhalt aufzuklären.

„Wann
die Mama
ihr'm Babba
imma
de Middag
sei Lieblingsesse macht",
er holte kurz Luft,
„am Wocheend'
de Kinnern
de gebüjelt Wäsch
hielejt –
ja
glauwe Sie dann,"
Herr Heinz schaute mich durchdringend an,
„dass ma
die Mama
wahrnehme dud?
De Kinner
unn de Babba,"
hier seufzte Herr Heinz,
„mergge erst,

des die Mama
wischtig
gewese war,
wann
se weg iss."

Karl Heinz wischte ein, zwei Mal über seine Augen. Was folgte, klang irgendwie resigniert, fast verzweifelt.

„Unn
da had se ja
nix mer
dadevon,
ned wahr?"

Nach Beendigung dieser kleinen Geschichte fing Herr Heinz auch noch zu schniefen an. Ob's den sechs Apfelwein zu verdanken war oder ob er in irgendeiner Weise vom Geschehen selbst intensiver betroffen war, entzieht sich meiner Kenntnis. Man kann ihm jedenfalls zustimmen – das sollte frau sich wirklich nicht geben!

Wenn man die graue Maus spielt, wird man kaum wahrgenommen. Wir gehören zum Inventar, wir sind selbstverständlich, während unsere kapriziösen Genossinnen umworben und besänftigt werden.

Anstrengend muss man sein. Es gibt ein genügend großes Variantenreservoir anstrengenden Verhaltens, aus dem man schöpfen kann!

Lauschen wir kurz dem Bericht von Frau Brunhilde Nettelbeck.

„Ich wäre ein IWAB. Hat meine zweite Schwiegermutter gesagt. Das schreibt man mit B am Ende, was ja für die deutsche Sprache eine relativ ungewöhnliche Endung ist. Das hat natürlich einen Grund. Wie alles in einer Sprache. Das ist nämlich ein Kunstwort, eine Zusammensetzung aus Anfangsbuchstaben.

Sie hat gesagt, ich **wäre** ein IWAB. Eigentlich hätte sie ja da den Konjunktiv 1 mit ‚ich sei ein IWAB' nehmen müssen, wenn sie gedacht hätte, dass es stimmt, was sie da sagt. Ein Konjunktiv 2 ist doch viel unwahrscheinlicher als ein Konjunktiv 1, da hat sie's wahrscheinlich gar nicht für wahrscheinlich gehalten, dass ich ein IWAB bin.

Können Sie sich denken, was das Wort IWAB bedeutet?

Wollen Sie mich erschlagen, weil ich es in der letzten Minute viermal verwendet habe?

Ja, meine Verehrtesten, gelegentlich provozieren IWABs Aggressionen. Das liegt aber nicht an den IWABs selbst, sondern vielmehr an der Doppelnatur des Menschen. Die ist nämlich ein Dilemma. Einerseits ist der Mensch sozial und damit abhängig von seinen menschlichen Genossen, andererseits will er immer wichtig sein, selbst was Besseres als seinesgleichen, und da beißt sich die Katze halt oft in den Schwanz.

Denn, wenn ich wichtig bin, ist mein Nachbar unwichtig und umgekehrt. Und da kann es zum Hauen und Stechen kommen.

Soll ich mal auflösen? Ein IWAB ist einer oder eine, der oder die von sich denkt:

Ich weiß alles besser!

Soll ich noch erzählen, wie Sie Ihr Denken schulen können, damit auch Sie mehr wissen?"

Die im Report deutlich werdende Strategie erfordert Fingerspitzengefühl. Langatmiges Reden und Erläutern erzwingt zwar Aufmerksamkeit und ist eine der erfolgreichsten Methoden, dem Sprecher die gebührende Achtung im Leben zu bescheren – man darf es aber auch nicht zu sehr übertreiben.

Gelegentlich kann man durchaus auch einmal den Mund halten. In Deutschland gelten Menschen, die schweigen, manchmal für klug. Wenn man sich dann aber nach einer gewissen Zeit nicht endgültig erklärt und äußert, wird man mit gutem Recht für einen *Vollhorst* gehalten.

Eine Kombinationsstrategie ist demgemäß empfehlenswert: Schweigen Sie zunächst eine angemessene Zeit, dann legen Sie los und holen Sie keine Luft mehr, bis alle anderen zu erschöpft sind, sich noch zu äußern. Dann ist der Abend oder auch der Tag oder auch der Morgen, je nachdem, gerettet.

An Interaktionspartner überzogene Anforderungen zu stellen, ist eine weitere, äußerst erfolgversprechende Methode.

Sie besuchen ein erstklassiges Restaurant mit Ihren Freunden, der Wein ist superbe und teuer – Sie aber zitieren den Ober samt Korken zum zweiten Mal herbei, schnüffeln, schütteln den Kopf, flüstern, dennoch hörbar, hinter vorgehaltener Hand:

„Der Wein korkt."

Entsetzen! Beim Ober. Er eilt demütig davon, um eine neue Flasche zu holen. Bei Ihren Freunden. Warum haben sie das nicht selbst gemerkt? Was sind sie doch allesamt für Banausen! Vergessen Sie hinterher nicht den Datums- und Teilnehmer-Vermerk in Handy oder Notizbuch. Mehrfach im gleichen Kreis verwendet, wächst der Brennnesselfaktor exponentiell an.

Aus dem Fallbeispiel lassen sich einige Strukturhinweise extrahieren:

Anspruch zu signalisieren, ist – im Bereich der materiellen Bedürfnisse wie Essen und Trinken, Kleidung oder Wohnen – eine Unterform des *demonstrativen Konsums*[14]. Der Aktionsträger signalisiert: Ich habe *Niveau*.

Bei den jeweiligen Interaktionspartnern zeitigt die Methode auch in anderen Bereichen positive Effekte: Man wird versuchen, den überhöhten Ansprüchen des Anspruchsvollen gerecht zu werden, sich anstrengen, sich mühen. Herrlich! Dass die Strategie mit ihren unerschöpflich vielen Varianten bestens geeignet ist, Abhängige, Ehepartner, Lebensabschnittsgefährten, Mitarbeiter, aber durchaus auch Zufallsbekanntschaften auf Trab zu halten und sich auch noch das winzigste Entgegenkommen teuer abkaufen zu lassen, braucht eigentlich kaum erwähnt zu werden.

Ganz generell kann man sagen: Je schwerer Sie es Ihren Zeitgenossen und Mitmenschen machen, mit Ihnen zurecht zu kommen, je anstrengender Sie sind, umso mehr werden Ihnen Aufmerksamkeit, Verwöhnung, Zusatzleistungen, Beschwichtigungsversuche, Bestechung und andere Wohltaten zuteilwerden.

Merke:

---

[14] Nach seinem Entdecker auch *Veblen*effekt genannt.

*Der böseste Hund
kriegt immer
das dickste Stück Fleisch!*

Geheimnisvoll

Wäre der geheimnisvolle Mann eine positive Persönlichkeit?

Eher nein. Man erwartet Klarheit, Offenheit, Entschiedenheit von ihm. Das wird für Stärke gehalten. Äußert er sich neblig, versteckt seine Meinung, ist nicht zu fassen – mag man ihn nicht.

Und eine Frau?

Die Geheimnisvolle, die sich immer wieder entwindet, die sich immer wieder Zierende, die Kapriziöse – Männer mögen sie mögen, solange sie jung, schön und noch nicht erobert ist. Geheimnisvoll sein ist also eine Frage des Zeitpunkts. Für den Anfang – des Erwachsenenlebens, einer neuen Beziehung – durchaus empfehlenswert.

Wenn die Kontextvariablen nicht stimmen, ist eher abzuraten.

Die fünfzigjährige Mama, bisher der ruhende Pol in der Familie, eine zuverlässige Produzentin warmer Mahlzeiten, offener oder dann und wann auch überhaupt keiner Meinung, will plötzlich geheimnisvoll sein. Da wird sie doch vom Papa nur als blöde Kuh empfunden, die in die Wechseljahre kommt. Das könnte kräftig bis scheußlich ins Auge gehen.

Summary:
Kurzfriststrategie, nur nach sorgfältiger Kontext- und Potentialanalyse zu empfehlen.

„Sei einfach und bescheiden, dann kann dich keiner leiden!"

Auffallen ist Pflichtprogramm!

Wer trägt beim Oktoberfest das weitest ausgeschnittene Dirndl, wer zeigt bei seinem Video-Clip am meisten nackte Haut, wer hat die am dicksten aufgespritzten Lippen, wer den strafsten Sixpack?

Vor einigen Jahren gab ein gutaussehender, bekannter Schauspieler um die sechzig zu, dass er sich vornehmlich für Bücher interessiere. Mon dieu! Währenddessen brüstete sich sein ebenfalls schauspielerndes Pendant um die siebzig, noch jeden Tag Sex mit seiner jugendlichen Freundin zu haben. Eijeijei, tolle Wurst!

Outen Sie sich doch auch mit irgendetwas!

Aber, falls Sie weiblich sind, um Himmels Willen nicht als gute Haus- oder treue Ehefrau! Nein! Warten Sie stattdessen mit einer bis zur Decke vollgestopften Wohnung auf, in der nur noch ein siebzig Zentimeter breiter Trampelpfad das Betreten gestattet – das ist ein Knaller! Oder Sie geben einfach vor, Sie hätten während Ihrer Ehe tausend Liebhaber gehabt, ohne dass ihr Mann etwas gemerkt hätte. Da ist Ihnen für die nächsten vier Wochen jede zweite Nachmittags-Talkshow gewiss!

Wenn Sie es mit der Schönheit versuchen wollen, müssen Sie extrem schön sein, schön sein allein genügt nicht. Das wissen wir alle jetzt aus dem Fernsehen. Wenn man extrem schön oder extrem schön operiert ist, dann kommt man auf Sendung, sonst nicht.

Extrem klug macht sich auch ganz gut. Das dreißigjährige Mathematikgenie, diese Mischung aus Lausbub und spätem Beatle – den kennt fast jeder.

Ein extrem beschränkter Geist tut's aber auch. Zum Beispiel bei einigen Fernsehsendern. Da gibt's öfter mal sehr, sehr wenig kluge Leute. Die haben eigentlich überhaupt nichts zu sagen. Sie erzählen aber umso mehr, reden viel und los und sich buchstäblich um Kopf und Kragen. Zahllose Leute hören ihnen zu, Riesenseinschaltquoten. Die nicht sehr klugen Leute fühlen sich deshalb total wichtig, halten sich für Promis. Eigentlich haben sie längst und schon immer keinen Kopf und Kragen mehr, aber es kommt eben nur aufs Gefühl an.

Ein paar extreme Verhaltensweisen sollen das Bild abrunden.

Wer trägt schon zehntausend Euro lose in der Hosentasche mit sich herum? Ganz schön blöd, aber eine ganze Reihe von Medien berichtet darüber!

Fünf Frauen gleichzeitig am Angelhaken zu haben, das Zeitmanagement und die Geheimniskrämerei über Jahre hinzukriegen – das beeindruckt.

Ähnlich knallermäßig wie ausgemachte Tölpeleien oder ausgeprägte Polygamie sind extreme Sportarten oder Freizeitbeschäftigungen.

Bungee-Jumping ist eine harmlose Variante. Als Sesselpupser den Everest ohne Sauerstoff besteigen, einen Geparden als Haustier halten, zwei Anakondas im Bett, Piranhas im Pool – das haut rein, sprengt bei Partys alle Versuche von Mitmenschen, Eindruck zu schinden.

Ach ja, Sabine und Dieter

Drei Tage nach der denkwürdigen Präsentation wird Dieter zum Aufsichtsratsvorsitzenden zitiert. Mit dem Herz in der Hose und wackligen Knien macht er sich auf den Weg zu dessen Büro.

Zwei Herren des Vorstands sind ebenfalls zugegen.

„Wie lange sind Sie eigentlich schon geschieden, Herr Müller?", fragt der Aufsichtsratsvorsitzende, nachdem Dieter vor seinem Schreibtisch Platz genommen hat.

„Vier Jahre, fünf Monate und drei Tage", antwortet Dieter etwas verschämt.

Der Vorsitzende wirft den beiden Vorstandsmitgliedern einen vielsagenden Blick zu.

„Und hatten Sie denn zwischenzeitlich dann und wann eine Freundin?"

Was soll das hier werden? Was geht diese drei denn sein Privatleben an?

„Nein", antwortet Dieter, eingedenk der Machtverhältnisse in sanft-langgezogenem Ton.

Die Herren lachen laut, der Vorsitzende prustet, ein Vorstandsmitglied schlägt sich auf die Schenkel.

„Das erklärt alles, Müller", konstatiert der Vorsitzende.

„Und entschuldigt manches", ergänzt der Schenkelklopfer.

Ob er nur gerügt wird? Die Herren haben für irgendetwas Verständnis, aber wofür?

„Da hat dieses Frauenzimmer Ihre Empfehlung und den Posten wohl eher Ihrer hormonellen Situation zu verdanken, was?"

Prusten, Schenkelklopfen.

„Wir werden Fräulein Meier in eine andere Abteilung versetzen. Firmen-Hostess, Repräsentationsaufgaben bei den auswärtigen Gästen. Denen kann sie dann den Kopf mit ihrem Model-Getue verdrehen."

Diese Wendung der Dinge hat Dieter nicht erwartet. Er blickt die Herren an, wagt ein zaghaftes Lächeln. Zu früh?

„Mit den Zahlen von Ihnen sind wir ja immer zufrieden, Müller. Bevor Sie sich allerdings das nächste Mal an die Buchstaben wagen, sollten Sie einen Korrektor einschalten", bemerkt der Vorsitzende, blickt verschwörerisch in die Herrenrunde und beginnt zu wiehern.

Dieter ist wie vor den Kopf geschlagen. Was soll das schon wieder heißen? Er hat es doch peinlichst vermieden, Texte zu schreiben und weiterzuleiten. Für ihn, den Zahlenheini, war das in der Vergangenheit auch gar nicht nötig gewesen.

„Gell, Müller, da spitzen's", fährt der Aufsichtsratsvorsitzende in leicht herablassendem Frankfurt-Bayrisch fort.

„Was wir in unserem Laden gar nicht schätzen, ist mangelnde Loyalität. Dass dieses Fräulein Meier zu uns kommt, um ihren Chef hinter seinem Rücken mit einem solch persönlichen Brief schlecht zu machen – das hat dem Ganzen die Krone aufgesetzt. Wenn wir auch, das will ich nicht verhehlen, über Ihre kreative Rechtschreibung außerordentlich gelacht haben."

Die drei Herren blicken sich an, schmunzeln, grinsen, prusten. Pause.

„Wie's jetzt weitergeht, Müller, das wollen Sie doch sicher wissen. Sie behalten natürlich Ihren Posten und bekommen Frau Krähfuß als neue Assistentin."

Dieter reagiert auf diese Eröffnung mit einem Hustenanfall. Er kennt die Krähfuß vom Sehen, ist deshalb an Intensivierung der Bekanntschaft nicht interessiert.

„Wir sind", fährt der Vorsitzende gut gelaunt fort, „sicher, dass die Ihnen den Kopf nicht verdrehen wird. Und die kann neben Zahlen auch Buchstaben, das dürfte für Sie von unschätzbarem Vorteil sein."

Wieder Prusten, Wiehern, Schenkelklopfen. Eine Hand, die zur Tür zeigt. Dieter ist entlassen, aber nicht gekündigt.

Sabine hat aufs falsche Pferd gesetzt.

AusWeg

Sie haben diesen Ratgeber gelesen, ein Konzept entwickelt und ausprobiert, aber es funktioniert nicht? Ihr IP-Quotient(=Durchschnitt aller IPs) ist erschreckend niedrig? Sie fühlen sich nicht wichtig, sind stattdessen von Selbstzweifeln geplagt? Sie halten sich für die/den Größte(n), aber die anderen wollen das nicht kapieren?

Sie brauchen Hilfe! Sie brauchen Protagoras! Er fand vor zweieinhalb Jahrtausenden heraus, dass es von jeder Sache zwei gegensätzliche Auffassungen gibt.

Nehmen Sie's mit Humor –
erwägen Sie eine Planrevision!

Denn:

*Aller Leute Liebling sein,
schafft weder Mensch
noch Tier
noch Schwein.*

Zielgruppenverkleinerung erzeugt größere Schlagkraft. Sie pflegen Ihre tütteligen Vater oder den tatterigen Ehemann. Man zieht sich als Oma oder Opa in die engste Familie zurück, passt, wenn niemand Lust dazu hat, auf die Enkel auf, übernimmt Hund und Katze, damit sich der Rest der Familie ungestört amüsieren kann. Man erringt ein *Alleinstellungsmerkmal*.

∞

Da war ein Mensch, der redet viel
oft überflüssig, infantil.
Sein Nachbar aber regt die Hände
Baut Innen- und auch
Außenwände.
Und hat nach etwas Arbeitsgraus
Ein großes neues
schönes Haus.
Dagegen der Palast aus Luft
ist bei dem ersten Sturm
verpufft.

Sein Schöpfer fühlt sich drum
als Niete
beim Nachbarn wohnt er nun
zur Miete.

Raus aus der Quasselfalle!
Vom Meister der Ankündigung *zum Macher mutieren*. Nicht Promi-Dinner, Profi-Dinner und Das perfekte Dinner schauen und polyphon darüber blubbern, selbst eins kochen …

∞

Hannemann, geh du voran!
Du hast die größ'ren Stiefel an!

Der Charme der zweiten Reihe – wer ihn kennenlernt, beginnt ihn zu schätzen: anderen den Vortritt lassen oder sich einfach verkrümeln, ohne Schminke, im Schlabberlook.

Von einem prominenten Autor wird folgende Anekdote berichtet. Man hatte sich zu seinen Ehren auf einer Party versammelt. Nachdem er eineinhalb Stunden ohne Unterbrechung über sein neues Buch sowie seine des Weiteren von ihm geplanten Projekte berichtet hatte, wandte er sich einem jungen Kollegen zu, dem erstaunlicherweise Eingang in die erlauchte Gesellschaft gewährt worden war. Der Dichter senkte gönnerhaft den Kopf.

„Jetzt aber mal zu Ihnen, lieber Freund. Wie finden Sie mein neues Buch?"

Ja, so gelingt der Ausstieg aus unserem Willi-Winzig-Imperium natürlich nicht!

Meine Freundin Agathe, die hat das besser hingekriegt. Ihre Tochter hat voriges Jahr einen Sohn bekommen und Agathe endlich zur Oma gemacht. Danach war sie wie neugeboren. Falten, Tränensäcke, Krähenfüße, Altersflecken – die haben sie gar nicht mehr interessiert. Sie hat sogar sommersonnenpralle Fotos mit ihrem Enkelkind auf dem Arm verschickt, auf denen ihre zahllosen Schönheitsprobleme überdeutlich zu sehen waren.

Die arme anonyme amerikanisch-indianische Sängerin! Die ist genauso alt wie Agathe, hat sie sich aber leider nicht zum Vorbild genommen.

Vor jedem Fotoshooting lässt sie noch Tonnen von Make-up auftragen, wie sie in einem Fernsehinterview gestand.

∞

Der Narrziss

*Posieren, schön sein, kluge Worte
Lorbeerkranz und Schokotorte.
Paparazzi, Regenschirme
Blitzlicht, Fotos, Kamera.
Kommentare, Interviews
Laufen, rennen, sitzen, warten.
Rückzug, Ruhe, Heiterkeit
Ruhm erloschen, wurde Zeit.*

Platz machen, hinter Ziele und Aufgaben zurücktreten? Juchhe, wir gehören zu den Guten! Ein gutes Gefühl! Wir werden zu Verfechtern, Vertretern *von* und Botschaftern, Kämpfern *für.*

Sinnvolle Aufgaben gibt's genug. Wer nicht auf Kindersegen zurückgreifen kann oder will, verschreibt sich der bevölkerten oder unbevölkerten Welt, einer Partei, Gesangverein und Schachclub, Taubenzuchtvereinigung oder Weltrettung.

Unser Altruismus wird erzwungen, Egoismus und Egomanie werden im Laufe der Zeit vergessen.

Also...

Lieben statt geliebt zu werden?

Für die große Weltgeschichte
Sind wir alles kleine Wichte.
Selbst Cäsar und Napoleon
Verstauben heut im Pantheon.
Es ist ja so, mit etwas Glück
Kommt Liebe, die man gibt, zurück.
Wenn's einer tut, das reicht soweit
Wir sind dann immerhin zu zweit.
Was leider feststeht: populär
Ist immer man nur temporär.

Vielleicht für ...
Mann, Frau, Kind, Freund, Freundin,
Sangesschwester und Parteigenosse,
Fahrradkumpel, Wanderkamerad,
Dackel, Papagei und Katze
sind wir am Ende ein Weilchen ein bisschen

richtig *wichtig.*

Glossar

Auspackinterviews
preisgeben, was man früher für sich behielt
Bock-zum-Gärtner-Prinzip
häufig verwendeter Grundsatz für Personalentscheidungen
Brennnesselfaktor
Nebenwirkungstendenz von Handlungen
Dialektik
Gesellschafts- und Philosophiekategorie, die durch Erklärung unverständlicher wird
Gebrauchsnutzen
1 Kartoffel = 10 Gramm Nudeln
Geltungsnutzen
100 Gramm Schwarz-Wurzeln ≠ 100 Gramm April-Spargel ≠ 100 Gramm Beluga-Kaviar
Häh?-Faktor
unterschiedlich laute oder lange Verbalreaktion auf unerwartete bis verblüffende Informationen oder Begebenheiten
Homo grandis
Unterart des Ichlings;
menschliche Erscheinungsform mit speziellen Eigenschaften, aber ohne feststehende äußere Merkmale oder Geschlechtsausprägung
Impressionspotential
Faszinationsstärke, gemessen in IP auf einer ansteigenden Skala von 1 bis 6
Knörzel
unattraktiver Greis

Kommunikationspolitik
hier: Informationen von mir über mich verbreitet
PPM
Psycho**p**athologisierungs**m**ethode;
KO-Verfahren zur Konkurrenzbearbeitung
PPr
Panoptikum-Prinzip;
Einsatz von Humankapital zur Schaustellung
PPs
platonische Partnerschaften;
gleich- oder gemischtgeschlechtliche Gemeinschaften ohne Vollzug von Geschlechtsverkehr
Reaktanz
Abstoßungsreaktion auf professionelle Plagegeister und ihre Wiederholungs-Taten
Trübe Tasse
Langweiler
Vitamin-B
(**B**eziehungen statt Kompetenz);
Prinzip für Personalentscheidungen
Vollhorst
Spinner, Hohlkopf
WS
aus dem Englischen
*w*eakening *s*trategy, Schwächungsstrategie;
variantenreiches Verfahren zur Konkurrenzbearbeitung

Zum *Da*Nachlesen

Persönlichkeitsmarken, Personal Branding, Ich-Marketing oder *Eigen-Marketing* existieren als wissenschaftliche Disziplinen. Der Mensch entwickelt sich mit geeigneten Maßnahmen zur *Ich-Marke*. Auch das Verhalten im außerberuflichen Bereich soll der *Markenidentität* entsprechen.

Die *Eitelkeit* als Form des Hochmuts ist in der katholischen Theologie eine *Todsünde*;
man versteht darunter die Hinwendung des Menschen zu sich selbst anstatt zu Gott.

In einem Schweizer Stimmungsbarometer wurde die Sorge um das eigene Aussehen und die eigene Außenwirkung von den tausend Befragten als Sorge Nummer eins angegeben.

Vanitas, die lateinische Übersetzung von Eitelkeit, bedeutet auch *Vergeblichkeit*.

Personal Branding – aber richtig![15]
Interview mit Tijen Onaran
veröffentlicht am 11. Januar 2019,
von Sabine Mueller, CEO DHL Consulting, EVP

```
https://www.linkedin.com/e/v2/pulse?e=87
v0gn-jqwzp4h9-
g4&lipi=urn%3Ali%3Apage%3Aemail_email_fe
ed_ecosystem_digest_01%3B55EbmW%2BSTDmTD
P8V3oz3ww%3D%3D&a=pulse_web_view_article
_detail_new_url&midToken=AQFSZ1EoUbRgrQ&
ek=email_feed_ecosystem_digest_01&li=4&m
=recommended_articles&ts=Unknown&permLin
k=interview-mit-tijen-onaran-personal-
branding-aber-richtig-mueller
```

…

„Tijen Onaran ist es erfolgreich gelungen, eine spannende persönliche Marke aufzubauen. Wie sie das geschafft hat, wie man mit Personal Branding die eigene Karriere pusht und was ihre persönliche Marke ihr bedeutet – darüber habe ich mit Tijen gesprochen.

Hallo Tijen! Vielen Dank, dass du mir für meinen Blog ein paar Fragen beantwortest! Du hast mich bereits in vielerlei Hinsicht inspiriert, vor allem

---

[15] LinkedIn (15.1.2019); Layout-Veränderungen und Kürzungen durch den Verfasser.

haben mich dein entschlossenes Auftreten und deine Präsenz im digitalen Raum beeindruckt. Ich freue mich daher, mit dir über eine deiner vielen Stärken sprechen zu dürfen: dein Personal Branding. Wie definierst du selbst diesen Begriff?

Schön, dass ich hier sein darf! Ich lese deinen Blog regelmäßig und habe mich sehr über deine Interviewanfrage gefreut.

Für mich bedeutet Personal Branding, dass man seine eigene Geschichte erzählt. Den Kern der persönlichen Marke bildet ein Dreiklang aus Positionierung, Zielsetzung und Persönlichkeit. Positionierung heißt, Themen und Werte, die uns wichtig sind, nachdrücklich zu vertreten und sie in die Öffentlichkeit zu tragen oder aus einer ganz anderen Perspektive zu beleuchten. Bei der Zielsetzung geht es darum, was wir bewirken wollen. Und natürlich sollte die eigene Persönlichkeit zum Ausdruck kommen: Dazu erzählen wir unsere Geschichte und zeigen, wie unsere Persönlichkeit und unser berufliches Tun sich wechselseitig beeinflussen.

Wirkt sich Personal Branding auf die Karriere aus? Inwiefern?

Für eine erfolgreiche Karriere ist Sichtbarkeit wichtig. Wer sichtbar ist, kann auf die eigenen Werte und Ziele aufmerksam machen und hat es leichter, Kontakte zu knüpfen, mit anderen zu kooperieren und zu vermitteln, wie sie oder er sich selbst definiert – welche Werte man vertritt, welche Fähigkeiten man mitbringt und welche Motivation hinter den eigenen Projekten steht.

Mit einer persönlichen Marke lässt sich die eigene Karriere enorm vorantreiben – ob innerhalb eines Unternehmens oder nach außen gerichtet.

Einer Sache muss man sich allerdings immer bewusst sein: Wer sichtbar ist und sich öffentlich präsentiert, trägt ganz automatisch auch Verantwortung. Es bedeutet, Stellung zu beziehen und seinen Standpunkt ganz klar zu vertreten. Dazu gehört auch die Bereitschaft, sich mitunter unbeliebt zu machen.

Wie baut man sich eine persönliche Marke auf?

Eins ist dabei ganz wichtig: Jeder von uns besitzt bereits eine persönliche Marke! Die Frage ist eher, ob wir diese bewusst mitgestalten möchten oder nicht. Möchten wir unsere Geschichte selbst erzählen und zeigen, wo die eigenen Stärken liegen, oder überlassen wir dies anderen und nehmen dafür in Kauf, dass sich möglicherweise ein verzerrtes Bild ergibt?

Meiner Meinung nach entsteht eine gute persönliche Marke, wenn wir es schaffen, Menschen zu motivieren, ihnen Erkenntnisgewinne zu verschaffen und Lösungen und Möglichkeiten aufzuzeigen. Beim Aufbau einer persönlichen Marke muss jeder sich daher zuallererst darüber im Klaren sein, wie sie oder er sich selbst sieht. Ich empfehle, in dieser Phase auch Andere nach ihrer Wahrnehmung zu fragen. Welche Themen werden mit mir in Verbindung gebracht? Welche Fähigkeiten schätzen andere besonders an mir? Habe ich etwas Außergewöhnliches an mir, ein Alleinstellungsmerkmal?

Der nächste Schritt lautet: Wie positioniere ich mich? Es gilt, Standpunkte und Meinungen zu den Themen, die mir wichtig sind, zu festigen: Was ist meine ganz eigene Sicht der Dinge? Anschließend ist zu überlegen, über welche Kanäle sich die persönliche Marke am besten kommunizieren lässt. Die Möglichkeiten sind vielfältig und reichen von Social-Media-Netzwerken über Konferenzen bis hin zu Podiumsdiskussionen. Hier ist Kreativität gefragt: Welche Plattform passt am besten zur eigenen Message und Mentalität?

...

Vielen Dank für das interessante Gespräch, Tijen!

..."

Literatur

Bruhn, M. (Hrsg.), Handbuch Markenführung, Bde. 1 bis 3, 2. vollständig überarbeitete und erweiterte Auflage, Gabler 2004

Decker, E. / Lacy, K., Die Ich-Marke. Erfolgreiches Eigenmarketing mit Social Media, Addison-Wesley 2012

Seidl, C. / Beutelmeyer, W., Die Marke Ich. So entwickeln Sie Ihre persönliche Erfolgsstrategie – Mit Heroldprinzip, 3. aktualisierte und überarbeitete Auflage, Redline Wirtschaft 2006

Sturmer, M., Profilierung. Mit intelligentem Marketing zum gefragten Experten, Springer Gabler 2018

Thackeray, W.M., Jahrmarkt der Eitelkeit. Ein Roman ohne Helden, Artemis und Winkler – Patmos Verlag 2007

Die Autorin

Luise Link lebt
in Rockenberg/Hessen.

Sie hat bisher drei Bände mit Erzählungen „Erzähl Dir Zeit", einen Kurzroman „Die Farm der Hühner. Fabelhaftes aus Hessen", die Satire „Self-Publisher-Blues" sowie ein Sachbuch „Sie wollen ein Buch schreiben? Literarische Technik für Einsteiger" veröffentlicht.
Für „Unterwegs in Bad Nauheim", „Unterwegs in der Wetterau" sowie „Fantastische Landschaften. Die Wetterau" verfasste sie jeweils mehrere Beiträge.

Sie war Lehrerin für Englisch und Gesellschaftslehre, ist verheiratet, hat eine Tochter und Enkeltochter.

Die Illustratorin

Doris Bauer lebt
in Assenheim/Hessen.

Ihre Bilder malt sie vorzugsweise als Aquarelle oder in Acryl- und Mischtechniken. Sie waren unter anderem bei Ausstellungen im Kloster Arnsburg, im Hohaus Museum/Lauterbach, in der Galerie Julia/Gelnhausen, in Karben und auf verschiedenen Kunsthandwerkermärkten in der Wetterau zu sehen. 2018 hat sie den Kurzroman „Die Farm der Hühner" illustriert.

Sie war Lehrerin für Sport und Musik, ist verheiratet, hat eine Tochter und drei Enkelkinder.